Pedagogia social

SÉRIE PEDAGOGIA CONTEMPORÂNEA

Gelson Luiz Daldegan de Pádua
Maria Carolina Vecchio
Pedro Francisco Guedes do Nascimento
Rosimeri Aquino da Silva

Pedagogia social

EDITORA
intersaberes

EDITORA
intersaberes

Rua Clara Vendramin, 58 . Mossunguê
CEP 81200-170 . Curitiba . PR . Brasil
Fone: (41) 2106-4170
www.intersaberes.com
editora@editoraintersaberes.com.br

CONSELHO EDITORIAL
Dr. Ivo José Both (presidente)
Dr.ª Elena Godoy
Dr. Nelson Luís Dias
Dr. Neri dos Santos
Dr. Ulf Gregor Baranow

EDITORA-CHEFE
Lindsay Azambuja

SUPERVISORA EDITORIAL
Ariadne Nunes Wenger

ANALISTA EDITORIAL
Ariel Martins

PROJETO GRÁFICO
Raphael Bernadelli

CAPA
Lado B (Marco Mazzarotto)

FOTOGRAFIA DA CAPA
PantherMedia

1ª edição, 2013.

Foi feito o depósito legal.

Informamos que é de inteira responsabilidade dos autores a emissão de conceitos.

Nenhuma parte desta publicação poderá ser reproduzida por qualquer meio ou forma sem a prévia autorização da Editora InterSaberes.

A violação dos direitos autorais é crime estabelecido na Lei nº 9.610/1998 e punido pelo art. 184 do Código Penal.

Dados Internacionais de Catalogação na Publicação (CIP)
(Câmara Brasileira do Livro, SP, Brasil)

Pedagogia social/Gelson Luiz Daldegan de Pádua...
[et al.]. – Curitiba: InterSaberes, 2013. – (Série Pedagogia Contemporânea).

Outros autores: Pedro Francisco Guedes do Nascimento, Rosimeri Aquino da Silva, Maria Carolina Vecchio
Bibliografia.
ISBN 978-85-8212-707-0

1. Direito à educação 2. Educação – Aspectos sociais 3. Educação – Finalidades e objetivos 4. Educação não formal 5. Sociologia educacional 6. Trabalho I. Pádua, Gelson Luiz Daldegan de. II. Nascimento, Pedro Francisco Guedes do. III. Silva, Rosimeri Aquino. IV. Vecchio, Maria Carolina. V. Título. VI. Série.

12-11933   CDD-370.115

Índices para catálogo sistemático:
1. Educação e trabalho: Pedagogia social 370.115

Sumário

Apresentação, IX

(1) Indivíduo, sociedade e escola, 11
    1.1 O que nos faz humanos?, 14
    1.2 Concepções sobre a relação entre escola e sociedade, 18

(2) Escola: conflito e crise, 25
    2.1 A escola e o contexto socioeconômico, 28
    2.2 Conflitos na relação professor-aluno, 29
    2.3 Encarando o conflito, 33

(3) A teorização educacional: teorias não críticas, 37

3.1 Diferentes explicações teóricas da relação entre educação e sociedade, 40

3.2 Teorias não críticas, 42

(4) Contribuições da teorização crítica, 55

4.1 Teorização crítica, 58

4.2 A educação do ponto de vista da teoria crítica, 64

4.3 A prática docente na perspectiva da teorização crítica, 66

4.4 A relação professor-aluno, 68

(5) Contribuições dos teóricos pós-críticos para o campo educacional, 73

5.1 O contexto da teorização pós-crítica, 76

5.2 A crítica pós-modernista ao positivismo e ao marxismo, 78

5.3 A (re)invenção da "identidade", 81

5.4 Tradicionais, críticos e pós-críticos, 83

(6) Educação e diversidade cultural, 89

6.1 O conceito de cultura, 92

6.2 Escola e diversidade cultural, 99

(7) Classes populares, família e educação, 105

7.1 Classe social como categoria de análise e as contribuições trazidas pela teoria da prática e pelos historiadores da cultura, 108

7.2 Como definir o popular?, 111

7.3 A periferia urbana como o espaço do "popular", 113

7.4 Sobre as políticas públicas para a infância "pobre": creches comunitárias – de direito universal a privilégio de poucos, 117

7.5 A infância e a família em um contexto de grupo popular: a flexibilidade dos arranjos familiares – o exemplo de um bairro de periferia de Porto Alegre, 119

(8)   Movimentos sociais e a questão da infância
no Brasil, 127

    8.1   O surgimento da moderna noção de infância, família nuclear e escola: a separação entre a infância e a idade adulta, 130

    8.2   A infância "pobre" no Brasil e a história da luta pelo direito à infância, 134

    8.3   Para onde convergem os discursos hegemônicos sobre infância e proteção, 142

    8.4   Os equívocos em se confundir "pobreza" com "problema" social, 144

(9)   Relações de gênero e educação, 151

    9.1   A construção do conceito: do sexo ao gênero, 155

    9.2   Buscando fugir das oposições, 157

    9.3   Gênero, sexualidade e educação, 161

(10)   Sexualidade e identidade no cotidiano escolar, 165

    10.1   A escola e a reprodução das desigualdades, 169

    10.2   Homossexualidade, 175

Referências, 181

Gabarito, 187

Apresentação

Este estudo se destina à reflexão acerca de temas da pedagogia social e, em especial, daqueles que tangem o cotidiano escolar. Pretendemos, dessa forma, contribuir para a formação de futuros pedagogos e professores. A fim de atender essas especificidades, organizamos este trabalho em dez capítulos, os quais foram agrupados em duas partes. Na primeira, do primeiro ao quinto capítulo, apresentamos as diferentes perspectivas teóricas para o âmbito da educação. Destacamos, nesses cinco capítulos, alguns argumentos explicativos do social e de sua vinculação com a educação dos chamados *paradigmas tradicionais, paradigmas críticos* e *paradigmas pós-críticos*. Na segunda parte, do sexto ao décimo capítulo, procuramos abordar os temas que perpassam "transversalmente" o cotidiano escolar. Nesse sentido, procuramos trazer questões que possam subsidiar as reflexões dos profissionais da educação no âmbito escolar, para que a escola possa repensar suas atitudes de reprodução de padrões sociais, em especial aquelas que não valorizam as diversidades e as diferenças, culturais, raciais, sexuais ou de gênero.

(1)

Indivíduo, sociedade e escola

Gelson Luiz Daldegan de Pádua é graduado em Matemática pela Faculdade Estadual de Filosofia, Ciências e Letras de Jacarezinho (Fafija), pedagogo pela Universidade Federal de Viçosa (UFV) e graduado em Administração pela Faculdade de Administração e Economia (FAE). É mestre em Ciências da Educação pelo Instituto Pedagógico Latino Americano e Caribenho de Havana (Cuba) e mestre em Filosofia pela Pontifícia Universidade Católica do Rio Grande do Sul (PUCRS) e doutorando em Filosofia pela mesma instituição. Suas atividades de pesquisas voltam-se para os temas de ética em educação, filosofia da educação e da linguagem e epistemologia.

Pedro Francisco Guedes do Nascimento é graduado em Ciências Sociais pela Universidade Federal da Paraíba (UFPB), mestre em Antropologia Cultural pela Universidade Federal de Pernambuco (UFPE) e doutor em Antropologia Cultural pela Universidade Federal do Rio Grande do Sul (UFRGS). Suas atividades de pesquisa estão voltadas para a antropologia com as temáticas de gênero, sexualidade e novas tecnologias de reprodução.

Rosimeri Aquino da Silva é graduada em Ciências Sociais, mestre e doutora em Educação, todos pela Universidade Federal do Rio Grande do Sul (UFRGS). Atua especialmente no campo da sociologia nos cursos de Pedagogia, Letras, Física e Direito. Suas atividades de pesquisa são voltadas para a educação, nas quais procura enfatizar relações de gênero, sexualidade, violência e direitos humanos.

Gelson Luiz Daldegan de Pádua
Pedro Francisco Guedes do Nascimento
Rosimeri Aquino da Silva

Neste capítulo, discutiremos, de uma forma geral, a relação entre a escola e a sociedade. Tendo esse objetivo em vista, trabalhamos com a ideia de educação como uma ciência que está diretamente inserida nos contextos sociais a partir dos quais é definida. Associado a essa compreensão, discutiremos também o tema de como os indivíduos são eminentemente seres sociais. É nesse sentido que a relação entre indivíduo, sociedade e escola precisa ser analisada.

O fato de a escola ser uma instituição na qual diferentes sujeitos com diferentes formações e diferentes histórias pessoais e familiares entram em contato será importante para iniciarmos nossa discussão, pois poderemos refletir sobre a forma como se dá a relação entre os indivíduos e a sociedade na qual estão inseridos. Refletir sobre isso é refletir sobre a forma de nossa constituição como seres sociais, o que, do ponto de vista das ciências sociais, é pensar como nos constituímos enquanto humanos.

Para facilitar a nossa compreensão, iniciamos nossa análise com alguns pontos que dizem respeito às nossas especificidades como seres humanos, em comparação aos animais. O que nos torna humanos? Como explicar a enorme diversidade humana?

(1.1)

O que nos faz humanos?

Uma das possibilidades de respondermos a essa pergunta é confrontar as características comportamentais dos animais com as dos seres humanos. Nesse sentido, ao analisarmos os animais, percebemos que o "comportamento" deles pode ser identificado por algumas características. Dentre elas, percebemos que eles: são guiados por instinto – ou seja, eles obedecem às leis biológicas e, por esse motivo, o comportamento deles é determinado geneticamente; não são livres para agir em discrepância com a sua própria natureza – poderíamos dizer que eles não possuem "livre-arbítrio"; apresentam comportamento aprendido; contam com semelhanças no comportamento de indivíduos da mesma espécie – ou seja, as atitudes não variam conforme indivíduo, local ou época, muito menos por um ato de vontade ou de inovações individuais; não são históricos; apresentam tendências ao isolamento; em última instância, analisando a inteligência deles, percebemos que ela é concreta – ou seja, é imediata e prática, depende do momento vivido, do aqui e agora, uma vez que não conservam a aprendizagem para criar novas estratégias.

Por sua vez, os humanos são caracterizados, principalmente, pelos seguintes aspectos: são históricos – podem lembrar uma ação passada e projetar o futuro; são simbólicos – representam o mundo por meio do pensamento e sua própria linguagem é simbólica; são seres sociais, ou seja, dependem da interação com outros humanos; apresentam interdependência; possuem inteligência abstrata – podem utilizar técnicas já criadas, podem inventar e aprimorar e, por isso, se tornam fonte de novas ideias, que podem ser mantidas ou alteradas; além disso, contam com grande possibilidade de adaptação a diferentes meios.

O antropólogo François Laplantine (1987, p. 22), em sua obra *Aprender antropologia*, sustenta que "o que caracteriza a unidade do homem é a sua aptidão praticamente infinita para inventar modos de vida e formas de organização social extremamente diversos". O autor afirma ainda que

> *aquilo que os seres humanos têm em comum é sua capacidade para se diferenciar uns dos outros, para elaborar costumes, línguas, modos de conhecimento, instituições, jogos profundamente diversos; pois se há algo de natural nessa espécie particular que é a espécie humana, é sua aptidão à variação cultural.* (Laplantine, 1987, p. 22)

De forma resumida, com base nas características apresentadas, podemos afirmar que a característica distintiva da humanidade é sua capacidade de simbolização, de atribuição de sentido.

A linguagem humana substitui as coisas por símbolos, tais como as palavras e os gestos. Por meio de representações mentais e de expressões de linguagem, o ser humano torna presente (para si e para os outros) os acontecimentos passados, bem como antecipa o que ainda não ocorreu. Não depende de uma situação imediata para agir e pode criar representações pela linguagem, bem como propor situações (Berger; Luckmann, 1985).

A cultura resulta do trabalho humano, ou seja, da transformação realizada pelos instrumentos, das ideias que tornam possíveis essa transformação e os produtos dela resultantes. O mundo cultural é um sistema de significados já estabelecidos por outros, de modo que, ao nascer, a criança encontra um mundo de valores dados, onde ela se situa, aprende a língua, a forma de usar o corpo e os sentimentos.

Nesse sentido, a condição humana resulta da assimilação de modelos sociais – o ser humano se faz mediado pela cultura. Por isso, não apresenta características universais e eternas, pois variam as maneiras pelas quais os homens respondem socialmente aos desafios, a fim de realizar sua existência, sempre historicamente situada (Berger, Luckmann, 1985).

A cultura consiste num conceito-chave para a interpretação da vida social e pode ser entendida como modos de viver e interpretar o mundo, específicos de um determinado grupo de indivíduos – a maneira pela qual eles agem e modificam o mundo. O conceito de cultura engloba todo um conjunto de regras que permite que diferentes indivíduos convivam e que define como o mundo pode e deve ser classificado através de todas as suas manifestações. Devem ser entendidas como todas as crenças, tradições e costumes dos mais variados povos.

Cultura é um mapa, um receituário, um conjunto de códigos através dos quais as pessoas de um dado grupo pensam, classificam e modificam o mundo e a si mesmas. Ela permite que os indivíduos se relacionem entre si e que o próprio grupo se relacione com o ambiente onde vive. Pode ser entendida como:

> *sistemas entrelaçados de signos interpretáveis; a cultura não é um poder, algo ao qual podem ser atribuídos causalmente os acontecimentos sociais, os comportamentos, as instituições ou os processos. Ela é um contexto, algo dentro do qual eles podem ser descritos de forma inteligível.* (Silva, 2007)

O significado da ação varia de acordo com o padrão de vida através do qual ele é informado. Compreender a cultura de um povo expõe a sua normalidade sem reduzir sua particularidade. Isso o torna acessível; colocar seus indivíduos no quadro de suas próprias banalidades dissolve a sua opacidade. A cultura é vista como uma forma específica de definir e delimitar a realidade e define as relações entre pessoas e entre estas e o seu ambiente. Informa o que é possível fazer, pensar, sentir etc.

Relações entre indivíduo e sociedade

Uma vez que estamos entendendo a formação dos indivíduos em uma determinada sociedade como marcada pela herança cultural do grupo no qual estão inseridos, como podemos entender as condições para que um indivíduo seja livre para criar e aprender? Entendemos assim que a liberdade não é algo dado, mas resulta de sua capacidade de compreender o mundo, projetar mudanças e realizar projetos. A relação entre herança cultural e liberdade não deve ser vista como uma contradição.

A própria característica de interdependência do humano garante a legitimidade para o que é depreendido do mundo, uma vez que, ao mesmo tempo em que o controle social pode ser uma coerção, ele pode também ser um estímulo positivo. Nesse sentido, o indivíduo não define suas próprias normas, porque elas estão na (e são para a) sociedade, são compartilhadas, têm um caráter de regularidade e, ao mesmo tempo, apresentam como característica a não rigidez, pois elas não preveem as ações dos seres humanos nos mínimos detalhes, não formam sistemas com perfeita coerência e, acima de tudo, são mutáveis.

As interações sociais entre homens são estabelecidas por meio das relações de trabalho, políticas e culturais. As primeiras são caracterizadas pelo desenvolvimento de técnicas e atividades econômicas. As políticas estabelecem as noções de poder e as relações culturais apresentam como principais características a produção e a difusão do saber.

(1.2)
Concepções sobre a relação entre escola e sociedade

Sendo o aprendizado da vida social a assimilação de normas e regras criadas pelo próprio grupo social, devemos atentar para o fato de que a escola é uma das instituições centrais no aprendizado dessas normas, em conjunto com a família e outras instituições. Nesse sentido, nas ocasiões em que nos propomos a refletir sobre as relações possíveis entre educação e sociedade, não é incomum afirmarmos, a partir de diferentes argumentos, que a escola não é uma ilha. A ilha, no sentido usado, seria um lugar paradisíaco, distanciado e livre de todos os conflitos da vida humana. À primeira vista, essa afirmativa sugere a repetição de uma obviedade se considerarmos, por exemplo, a inserção, a importância, a função, entre outras tantas atribuições, da educação como um todo, em diferentes processos societários, nos dias atuais.

Por outro lado, é necessário considerarmos que por muito tempo se acreditou que a educação, em virtude de seus aspectos formais e legais, estaria confinada a um espaço delimitado, no qual as influências do mundo exterior seriam filtradas e não encontrariam lugar. Sobre esse aspecto, professores de antigos cursos de formação para a docência costumavam repetir o jargão de que os problemas, principalmente aqueles de ordem pessoal, deveriam ser deixados no lado de fora da sala de aula. Conflitos, interesses políticos, depressões e outros problemas deveriam ser "pendurados" numa espécie de "cabide" externo ao ambiente, como se faz com bolsas e casacos.

Ou seja, temos aqui duas concepções sobre a relação entre escola e sociedade. Uma que entende a escola como um espaço isento das influências do mundo exterior e outra que a concebe como inserida e parte ativa da sociedade na sua totalidade; questões do mundo do aluno também fazem parte da escola.

Diversas pesquisas socioeducacionais demonstram a importância de a escola ser percebida como um importante espaço de sociabilidade, no qual alunos, professores e familiares mantêm um constante vínculo de relações (Silva, 2007), acreditando que essa seja a primeira forma de a educação formal transpor os muros da escola. Por outro lado, outras pesquisas apontam que só a relação entre família e escola não é o suficiente para pensarmos a relação entre escola e sociedade, pois todas as instituições e todos os espaços sociais, em diferentes medidas, contribuem para o processo educativo.

Cabe aqui refletirmos sobre as interlocuções possíveis entre a educação e a sociedade, considerando-as, nessa primeira aproximação, como dimensões separadas apenas em termos didáticos. Para melhor refletirmos as concepções de escola, faz-se necessário pensarmos os termos *educação* e *pedagogia*.

Educação e pedagogia

A educação é uma ciência humana que, entre muitas atribuições, pode ser compreendida como o ato ou o efeito de educar-se. O educador Paulo Freire (1996, p. 25) fortalece esse argumento ao afirmar que

> *quem forma se forma e re-forma ao formar e quem é formado forma-se e forma ao ser formado. É nesse sentido que ensinar não é transferir conhecimentos, conteúdos nem formar é a ação pela qual o sujeito criador dá forma, estilo ou alma a um corpo indeciso e acomodado. Não há docência sem discência, as duas se explicam e seus sujeitos, apesar das diferenças que os conotam, não se reduzem à condição de objeto, um do outro. Quem ensina aprende ao ensinar e quem aprende ensina ao aprender. Quem ensina, ensina alguma coisa a alguém.*

Portanto, a educação é uma relação direta entre quem ensina e quem aprende; um não existe sem o outro. Nesse sentido, um transforma o outro; nessa concepção seria impossível pensar uma escola isolada da sociedade, pois tanto o docente como o discente estão inseridos nela. Nos diferentes espaços sociais em que esses sujeitos "transitam", eles constroem suas "identidades sociais", suas "historicidades" e trazem essas experiências para a relação educacional. E eles não se desvinculam da sociedade durante o processo educativo, daí a importância de a escola ser concebida como integrante da sociedade.

A pedagogia é a ciência da educação e do ensino. De forma tradicional, suas funções se referem à formalidade e à regularidade da escola, estabelecidas e difundidas com base em diretrizes nacionais. O conjunto de teorias, doutrinas, princípios e métodos por ela utilizados reúnem objetivos práticos que podem ser resumidos no verbo *educar*.

A pedagogia compreende o estudo dos múltiplos ideais de educação, empreendido por estudiosos e especialistas na área. Tais ideais são articulados também em conjunto com as diversas concepções de indivíduo e de suas relações com a vida social, assim como dos meios disponíveis para isso: tecnologias, metodologias, dispositivos e procedimentos utilizados para efetivar esses ideais. Nesse empreendimento, estão envolvidas contribuições de variados campos de conhecimento, que demonstram, assim, o caráter interdisciplinar da pedagogia. Ou seja, trata-se de uma ciência cuja finalidade educativa a coloca em constante interlocução com outras disciplinas humanísticas, tais como: história da educação, sociologia, antropologia, filosofia, entre outras.

O ensino formal, por seu turno, ocorre na escola. Os objetivos expostos no conceito de *educação* são tradicionalmente trabalhados na escola – esse estabelecimento organizado no qual se procura ministrar, de forma sistemática, padronizada e programática, o ensino coletivo. As conceituações oficiais de educação e de escola permitem-nos afirmar que, se a instituição escolar estivesse localizada em uma ilha, em termos territoriais, mesmo assim, ela estabeleceria, em alguma medida, relações com o "mundo" do continente. É impossível pensá-la como um território isolado do restante da vida social.

Entendemos que, no universo educacional, estão envolvidos profissionais, instituições, hierarquias, valores, relações de poder, conhecimentos, visões de mundo, assim como múltiplas identidades, plurais e culturais. A realidade social, como diz Minayo (2002, p. 15), "é o próprio dinamismo da vida individual e coletiva com toda a riqueza de significados dela transbordante". Esses aspectos por si só revelam que a escola não é um "universo" paralelo ao "universo" do mundo social.

Nela, estabelecemos parcerias, conhecemos outras realidades e outras pessoas (algumas muito diferentes de nós em termos de comportamentos e de atitudes). Na escola, temos acesso a determinados e variados conhecimentos, sejam de caráter local, ou sejam de caráter global. Nessa acepção, a escola pode ser concebida como uma espécie de microcosmo da sociedade ao reproduzir suas relações, suas hierarquias, seus conflitos, seus consensos e suas formas de organização. O mundo externo e o mundo interno do campo educacional confundem-se, pois quem está ali, dentro e fora de seus muros, são as pessoas da mesma sociedade. Isso é válido tanto para todos os profissionais que atuam na escola quanto para os alunos.

Retomando aquelas duas concepções de escola apresentadas inicialmente, percebemos o quanto defasada está a primeira concepção: ou seja, a escola faz parte da sociedade e por essa razão é impossível pensá-la como uma ilha.

(.)

Ponto final

Neste capítulo, vimos como os comportamentos dos indivíduos não são determinados mecanicamente pelo seu suporte biológico ou geográfico e que não há entre os humanos uma forma única de pensar e agir. Vimos também: como a diversidade cultural quebra a noção de natureza humana, evidenciando a flexibilidade das formas culturais; como os comportamentos dos indivíduos não são criados a partir de sua vontade individual, mas, sim, definidos e compreendidos conforme o(s) grupo(s) a que pertence; e que a preocupação com o contexto aponta que as pessoas podem se posicionar de forma diferente conforme a situação. Num segundo momento, trabalhamos com a concepção de que escola e sociedade mantêm uma profunda interlocução, na qual também se envolvem diferentes e múltiplas identidades e valores sociais.

Indicações culturais

Filmes

ESCRITORES da liberdade. Direção: Richard LaGravenese. Produção: Danny DeVito; Michael Shamberg; Stacey Sher. Alemanha/EUA: Paramount Pictures, 2006. 123 min.

NARRADORES de Javé. Direção: Eliane Caffé. Produção: Vânia Catani; Bananeira Filmes. Brasil: Lumière/Riofilme, 2003. 100 min.

VEM dançar. Direção: Liz Friedlander. Produção: Christopher Godsick; Michelle Grace; Diane Nabatoff. EUA: New Line Cinema/PlayArte, 2006. 108 min.

Livros

FREIRE, P. *Pedagogia da autonomia*: saberes necessários à prática educativa. São Paulo: Paz e Terra, 1996.

GOMES, C. A. *A educação em perspectiva sociológica*. São Paulo: EPU, 1989.

MACHADO, E. M. *Pedagogia e a pedagogia social*: educação não formal. Disponível em: <http://www.boaaula.com.br/iolanda/producao/me/pubonline/evelcy17art.html>. Acesso em: 25 nov. 2011.

MINAYO, M. C. de S. *Pesquisa social*: teoria, método e criatividade. Petrópolis: Vozes, 2002.

RODRIGUES, A. T. *Sociologia da educação*. 5. ed. Rio de Janeiro: DP&A, 2004.

Atividades

1. Como a noção de cultura pode nos ajudar a entender as diferenças percebidas no contexto escolar?
2. Quais são as relações que se estabelecem entre a escola e a sociedade?
3. É possível conceber escola e sociedade como "universos" paralelos? Justifique sua resposta.

(2)

Escola: conflito e crise

No capítulo anterior, vimos que não é possível conceber a escola como uma instituição isolada, pois ela está intrinsecamente ligada à sociedade e pode mesmo ser pensada como um microcosmo desta. Veremos agora como a escola é marcada em sua constituição como um espaço no qual conflitos de diferentes ordens são vivenciados. Na medida em que procuramos qualificar esses conflitos, apontando sua natureza, importa-nos refletir também sobre como a escola, como instituição, é vista, muitas vezes, pelas mais diferentes instâncias e por sujeitos como sendo um espaço de crise. Vejamos a seguir de que conflitos e de qual crise estamos falando.

(2.1)

A escola e o contexto socioeconômico

A escola está intrinsecamente articulada com a sociedade e com suas dinâmicas. Essas inter-relações com a sociedade nem sempre são harmônicas, sendo possível identificar um "estado de insatisfação e angústia quanto à escola em particular e à educação em geral", conforme nos demonstrou Candido Alberto Gomes (1989), em seu estudo sobre a educação no fim da década de 1980. Esse autor afirmava também que a frequência de críticas direcionadas à escola não era uma particularidade brasileira, e que estas apontavam a escola como um lugar que discrimina, onde as oportunidades de matrícula e de sucesso escolar, de acordo com os parâmetros instituídos, eram reservadas a poucos. A esse respeito, ele nos relata:

> Para aqueles que nela ingressam existe um duro processo seletivo, baseado muito menos na capacidade individual que em poderosos fatores socioeconômicos. A escola é concebida como uma instituição injusta, que reproduz diferenças sociais e que se acha desvinculada da comunidade e que contribui pouco ou adversamente para o desenvolvimento. (Gomes, 1989, p. xviii)

O reconhecimento desses "poderosos fatores socioeconômicos" passa a ser um importante elemento na análise da educação brasileira e da reprodução das diferenças sociais. Isso continua sendo apontado em outras pesquisas que indicam a atualidade dessa constatação. A antropóloga Alba Zaluar (1999, p. 230), ao discutir os desafios para o ensino básico no fim da década de 1990, já nos alertava para a necessidade de enfrentar essas questões:

> *a correlação entre a pobreza e o baixo nível educacional adquiriu contornos ainda mais sinistros neste fim de milênio, demonstrando que a sobrevivência de todos depende de novo esforço educacional para permitir aos pobres a visão reflexiva e a participação política nas decisões que visam eliminar essas ameaças globais, inclusive a da violência urbana, do crime organizado e do uso de psicotrópicos.*

Percebemos que, além dos fatores socioeconômicos, associam-se a eles questões da relação entre professores e alunos e do cotidiano escolar. Novos educadores, brasileiros e estrangeiros, ao relatarem sobre as experiências e as expectativas de seus ofícios, caracterizam o dia a dia da escola, quase que em uníssono, como conflitante, problemático, violento, difícil etc.

(2.2)
Conflitos na relação professor-aluno

A conflitualidade se faz presente nos mais diversos campos da educação: no ensino médio, no fundamental, nas séries iniciais, no ensino universitário etc. O conflito nesses casos é entendido como um embate entre diferentes forças, conformadas em diferentes ordens (estruturais, ideológicas etc.), e se expressa de muitos modos.

Em diferentes campos educacionais, seminários, congressos de atualização e qualificação etc., questiona-se, por exemplo, sobre a necessidade de repensar a educação perante as inovações tecnológicas. Interroga-se sobre qual seria a "função" do professor na atualidade. Denuncia-se a violência na escola e a precariedade do ensino em termos qualitativos e estruturais (escolas caindo aos pedaços e baixa qualidade de ensino). Há queixas a respeito das dificuldades que os alunos das novas gerações apresentam em termos de concentração e de serem mantidos em salas de aula. Além dessas questões, os professores apresentam uma postura ambígua em relação às novas pedagogias culturais, uma vez que elas podem estar substituindo a instituição escolar tradicional na missão de ensinar.

No relato do professor francês François Dubet, citado por Peralva (Peralva; Sposito, 1997, p. 222), sobre suas experiências como educador de História e Geografia em um colégio da periferia de Bordeaux, na França, é possível identificar uma série de situações difíceis da relação professor-aluno bastante similares às que podem ser encontradas nos relatos de educadores brasileiros.

Dubet menciona que os alunos não o escutavam e não trabalhavam os conteúdos propostos de forma espontânea. Os jovens aborreciam-se facilmente e preferiam fazer outras coisas. O professor considera frustrante, penoso e cansativo manter os alunos constantemente ocupados para que eles não façam barulho, bagunça, nem falem o tempo todo. Ele fala sobre a necessidade de se dar tarefas a todo instante. Seduzir, ameaçar, falar, dar orientações e colocar ordem na classe constantemente são constituintes do ofício de ensinar. Cadernos e lápis esquecidos, assim como pastas caídas também compõem esse cenário educativo, sendo que, na concepção desse docente, só se aproveitam uns vinte minutos para dar aula, o resto do tempo serve para "impor ordem", para dar orientações. O professor fala da extrema dificuldade que se tem para conter a agitação na sala de aula; ela pode durar meses, e dia após dia as regras precisam ser rememoradas, discutidas e recomeçadas. Os alunos adolescentes, na opinião de Dubet, são completamente envolvidos "pelos seus problemas de adolescentes e a comunidade dos alunos é por natureza hostil ao mundo dos adultos, hostil aos professores" (Peralva; Sposito, 1997, p. 222).

Relatos como o de Dubet apontam para uma crise na educação e para a existência de conflitualidades de diversas ordens vividas no campo educacional. Há uma fissura não só nas relações entre alunos e professores, mas, também, na acolhida aos programas educativos e nas metas que se pretende atingir. É uma fissura cujas consequências para os alunos, na maioria das vezes, são previsíveis: desempenhos insatisfatórios, não aprendizagem, abandono da escola, ineficiência, educação de baixa qualidade, alunos com imensas dificuldades de escrita e de leitura, reprovações.

Essa constatação remete aos já diagnosticados "mal-estar docente" e "mal-estar discente". Considera-se que os educadores, assim como os alunos, estariam também em crise e em busca, em última análise, de suas identidades. Buscariam representações e sentidos outros a suas práticas, ofícios e existências que não aqueles "dados" na atualidade. E, contraditoriamente, visto que ambos estão em crise, aponta-se, como fez Dubet, a existência de um abismo entre o mundo dos adultos e o mundo dos jovens. Certamente essa ampla gama de conflitos, oriunda especialmente das condições econômicas desiguais, afeta professores e alunos. Em última análise, poder-se-ia conceber-lhes como vítimas de um contexto global, no qual outros interesses não lhes atribuem importância ou valor.

Como podemos observar nesses rápidos relatos, o conflito e a crise são uma tônica das falas sobre a escola e também como elas remetem a questões de diferentes ordens, seja a relação professor-aluno, sejam questões de ordem mais estruturais. Também são falas elaboradas pelos mais diferentes sujeitos.

Olhares sobre a crise educacional

Num recente seminário internacional de educação[a], o ministro da Educação Fernando Haddad, referindo-se ao ensino médio brasileiro, afirmou que hoje se vive uma grave crise. Em suas palavras: "Temos de procurar uma melhora que possa trazer resultados em curto prazo porque a situação é crítica e estamos falando do futuro dos jovens brasileiros" (Brasil, 2008b). Ou seja, a crise educacional, manifestada de diferentes formas, é algo claro para profissionais que trabalham diretamente nas escolas e para os especialistas responsáveis pela implantação de políticas públicas voltadas para esse setor.

Cabe ressaltar que os meios de comunicação de massa também não se ressentem em apontar para uma espécie de falência da educação na sua totalidade, especialmente naquelas instituições voltadas para o setor público. São veiculadas imagens de escolas caindo aos pedaços, professores apáticos, queixosos e desesperançosos, assim como são amplamente divulgadas imagens de alunos desordeiros, violentos, que buscam constituir no espaço escolar

---

a. Trata-se do Ciclo de Seminários Internacionais de "Educação no Século XXI: Modelos de Sucesso", ocorrido na Câmara dos Deputados, em Brasília, em 17 de setembro de 2007. Para maiores informações a respeito do evento, acesse <http://portal.mec.gov.br/index.php?option=com_content&task=view&interna=1&id=9068>.

outros sentidos e outras relações, que não aquelas tradicionalmente referidas à educação em termos gerais. Também é preciso lembrar a divulgação massiva de informações sobre escândalos, desvios de verbas públicas destinadas às escolas. Perante esse quadro, a conflitualidade parece estar na ordem do dia.

(2.3)
Encarando o conflito

Quando refletimos sobre o conceito de conflito, sobre sua utilização para um melhor entendimento dos problemas vividos no âmbito educacional, é traçada, inicialmente, uma compreensão desse termo como algo em oposição ao que entendemos por *consenso* e alguns de seus respectivos sinônimos: equilíbrio, paz e harmonia. Ou seja, tendemos a generalizar e simplificar situações como as vividas na escola, que são de grande complexidade. As críticas que apontam a crise no sistema educacional brasileiro são infrutíferas se forem feitas apenas de forma genérica e baseadas na negatividade dos conflitos. Entretanto, há no conflito, como aponta o sociólogo Boaventura de Souza Santos (1994), aspectos positivos que deveriam ser mais bem explorados pelos educadores. A capacidade de indignação e não conformação desenvolvida através de atos educativos é, nessa perspectiva, de grande valia tanto para os professores quanto para os alunos.

Nas palavras de Santos (1994, p.33):

> *Essa capacidade e essa vontade serão fundamentais para olhar com empenho os modelos dominados ou emergentes*

através dos quais é possível aprender um novo tipo de relacionamento entre saberes e, portanto, entre pessoas e entre grupos sociais. Um relacionamento mais igualitário, mais justo que nos faça aprender o mundo de modo edificante, emancipatório e multicultural. Será este o critério último da boa e da má aprendizagem.

Portanto, a conflitualidade deve ser percebida como um campo de possibilidades para a rebeldia e o inconformismo com a injustiça, o autoritarismo e a desigualdade. Entendemos que esse sociólogo propõe uma "pedagogia do conflito". Trata-se, nas suas palavras, de um projeto orientado para combater a trivialização do sofrimento, um projeto educativo emancipatório cujo objetivo principal consiste em "recuperar a capacidade do espanto e de indignação" (Santos, 1994, p. 17). Ele nos recomenda não temer demasiadamente a conflitualidade manifestada no ambiente escolar, pois, pelo contrário, os conflitos seriam sintomáticos. em vez de nos encaminharem a uma mera repetição de discursos fatalistas, os conflitos nos convidariam a repensar práticas educativas, posturas preconceituosas, dificuldades e precariedades de múltiplas ordens manifestadas no ambiente escolar. A inconformidade seria, nessa acepção, bem mais saudável que a resignação e a queixa estéril.

Pôr em prática o projeto de Santos não é, no entanto, uma tarefa simples, considerando que a escola nunca foi um "espaço do previsto". De acordo com a argumentação da professora Guacira Lopes Louro (2003, p. 41), "nós, educadores e educadoras, geralmente nos sentimos pouco à vontade quando somos confrontados com as ideias de provisoriedade, precariedade e incerteza – tão recorrentes nos discursos contemporâneos". Uma vez que nos sentimos pouco à vontade com essas ideias, a segurança é buscada em uma prática inventada e necessária com base nos ideais educacionais da modernidade – e os consensos seriam partes de metas que construímos.

Supondo o consenso como regra, tendemos a colocar os conflitos – éticos, morais, sexuais, étnicos, raciais, de gênero, de classe social etc. – como "coisas" de fora da escola. Para além dos muros do espaço escolar, estaria a sociedade problemática, confusa, caótica, violenta – o CONFLITO. Quando, porventura, elementos desse caos adentrassem nossos muros, eles seriam tratados como patologias. Estas são tratadas com medicamentos, são lamentadas, aparentemente curadas e extirpadas da instituição. A suposta assepsia do ambiente escolar, ao ser comparado com o mundo da vida, estaria garantida. No entanto, a realidade tem nos mostrado exatamente o contrário disso. Os problemas sociais de diversas ordens se fazem presentes no cotidiano, na realidade e muitas vezes acabam por interferir, desse modo, na escola.

(.)

Ponto final

Neste capítulo, abordamos o campo educacional como constituído por uma gama de conflitos. Trabalhamos com diferentes noções atribuídas a esse conceito. Entendemos que não cabe à educação resolver todos os problemas sociais que nela se apresentam, bem como ela não pode desconsiderá-los. Ao contrário, é necessário desenvolver uma "pedagogia do conflito", que entenda os problemas e os desafios, não como algo externo ao ambiente escolar, mas fazendo parte dos contextos sociais e econômicos dos quais a escola também faz parte.

Na medida em que não está isolada da comunidade, e sim nela inserida, a escola pode ser concebida como um pequeno "centro" nessa complexa rede de relações chamada *sociedade* e, como tal, está, em alguma medida, ligada a todas as situações que nela acontecem. A partir desses argumentos, torna-se difícil excluir do campo da educação as dimensões políticas, sociais e econômicas que nela se manifestam.

Indicações culturais

SANTOS, B. de S. *Pela mão de Alice*: o social e o político na pós-modernidade. Lisboa: Afrontamento, 1994.

SILVA, T. T. da. *Identidades terminais*: as transformações na política da pedagogia e na pedagogia da política. Petrópolis: Vozes, 1996.

_____. *Reestruturação curricular*: teoria e prática no cotidiano da escola. Petrópolis: Vozes, 1995.

Atividades

1. Identifique e analise alguns dos problemas vividos pela educação nos dias atuais.
2. Quais são, em sua opinião, os motivos para as situações conflitivas ocorridas no campo educacional? Comente-os.
3. Como conceber as relações entre jovens e adultos na escola?

(3)

A teorização educacional:
teorias não críticas

As relações entre escola e sociedade, assim como a realidade na qual estas estão inseridas, são compreendidas, teorizadas e colocadas em ação a partir de diferentes perspectivas teóricas. Neste capítulo, e nos dois seguintes, analisaremos as diferentes orientações teóricas que têm conformado o campo educacional ao longo de sua formação. Importa-nos perceber as especificidades de cada uma dessas contribuições, atentando para os pontos em que elas se aproximam e se distanciam, a fim de que possamos considerar suas diversas contribuições ao nosso campo de estudo.

O termo *educação* pode ser entendido de várias maneiras e com vários significados, conforme seus objetivos e funções. Esses significados podem ter sentido mais amplo ("educar para a vida") até um mais específico ("educar para as necessidades do mercado de trabalho"). Para alguns teóricos, educar é instruir, adaptar ou formar hábitos para a vivência social. Na mesma medida, para outros teóricos, educar é conscientizar, desvendar e buscar a transformação, especialmente em relações socioculturais permeadas por desigualdades. A educação, nessa perspectiva, é dotada de um potencial crítico que deve, por seu turno, opor-se ao conservadorismo daqueles que objetivam manter a ordem social. Autores pós-modernos, por sua vez, renovam concepções da pedagogia ao incorporar, nas suas análises, outros referenciais, tais como: as relações de poder ocorridas no campo da educação, as questões étnicas e raciais e os debates sobre sexualidade e gênero. Ou seja, na contemporaneidade há uma gama de interpretações acerca do trabalho pedagógico e da função que este desempenha na sociedade.

(3.1)
Diferentes explicações teóricas da relação entre educação e sociedade

O educador Dermeval Saviani (1987, p. 9), por exemplo, aponta duas correntes teóricas utilizadas nas explicações sobre os fenômenos que ocorrem na relação entre educação e sociedade: as TEORIAS CRÍTICAS e as TEORIAS NÃO CRÍTICAS.

Para o autor, as teorias críticas buscam compreender a educação a partir das condições objetivas na qual ela se insere – a saber, a estrutura econômica, determinante, em última análise, não só para as condições, como para a existência do processo educativo. As teorizações não críticas, na compreensão de Saviani, "encaram a educação como autônoma e buscam compreendê-la a partir dela mesma".

Tomaz Tadeu da Silva (1996, p. 137-139) amplia essas distinções agregando, à teorização crítica, autores tradicionais e contemporâneos e, à teorização pós-crítica, autores pós-modernos. No campo da teoria crítica são destacados os estudos do professor Paulo Freire, a Escola de Frankfurt[a] e os denominados *estudos gramscianos*[b] sobre a cultura como campo de luta por hegemonia, assim como a série de pesquisas desenvolvidas pelo teórico Pierre Bourdieu[c]. Entre os pós-críticos, o autor destaca a importância de Lyotard, Baudrillard, Derrida e Foucault. Para auxiliar nossa compreensão sobre essas distinções, Silva (2001a, p. 17) também considera apropriado localizarmos os principais conceitos utilizados pelas abordagens teóricas nas suas diferentes interpretações da realidade. Assim, ele destaca e organiza conceitos que nos servem como sinalizadores:

---

a. Essa é a denominação atribuída a um grupo de filósofos marxistas alemães que contribuíram para o campo das ciências humanas com seus estudos sobre a indústria cultural e a cultura de massa.

b. O conceito faz referência ao filósofo italiano Antonio Gramsci (1891-1937). Além da filosofia, Gramsci dedicou-se às ciências políticas e à luta antifascista, assim como à teoria crítica e educacional. Seus estudos são de grande importância, utilidade e atualidade para a teorização educacional.

c. Pierre Bourdieu (1930-2002) foi um sociólogo francês contemporâneo cujas pesquisas sobre arte, mídia, cultura e educação, entre outros, são importantes referências para a teorização nas ciências humanísticas.

- DAS TEORIAS TRADICIONAIS – ensino, aprendizagem, avaliação, metodologia, didática, organização, planejamento, eficiência e objetivos;
- DAS TEORIAS CRÍTICAS – ideologia, reprodução cultural e social, poder, classe social, capitalismo, relações sociais de produção, conscientização, emancipação e libertação, currículo oculto e resistência;
- DAS TEORIAS PÓS-CRÍTICAS – identidade, alteridade, diferença, subjetividade, significação e discurso, saber, poder, representação, cultura, gênero, raça, etnia, sexualidade e multiculturalismo.

(3.2)
Teorias não críticas

Na teorização educacional, em termos gerais, as teorias não críticas são aquelas perspectivas alinhadas com pedagogias consideradas tradicionais e conservadoras. A perspectiva não crítica foi muito influenciada pela FILOSOFIA POSITIVISTA[d] e pelo forte CIENTIFICISMO do século XIX. Desse ponto de vista, a realidade social passou a ser pensada a partir dos parâmetros utilizados pelas ciências exatas, com ênfase na analogia com os campos matemático e biológico.

Para essas teorias, a sociedade é concebida como dotada de uma essência harmônica que tende à integração

---

d. O POSITIVISMO é definido como um conjunto de doutrinas de Auguste Comte (1798-1857), filósofo francês caracterizado, sobretudo, pelo impulso que deu ao desenvolvimento de uma orientação cientificista do pensamento filosófico, atribuindo à constituição e ao processo da ciência positiva importância capital para o progresso de qualquer província do conhecimento.

de seus membros, especialmente através de suas instituições familiares, religiosas e escolares. Nessa concepção, se os sujeitos vivem situações de marginalidade, a educação, através de suas práticas integradoras, teria como resgatá-los. A educação emerge nessa perspectiva como um importante instrumento de correção.

A educação é vista como uma ação homogeneizadora, que tem por função reforçar laços sociais, promover coesão e garantir a integração de todos os indivíduos no corpo social (Saviani, 2000, p. 4). Sua função coincide com a superação dos fenômenos e fatos sociais que levam a situações de marginalidade, pobreza e falta de oportunidades a ignorância, o desajuste e a rejeição são situações sociais específicas. Para a teorização não crítica, que podem e que precisam ser superadas através do ato educativo.

Segundo Saviani, teorizações não críticas conceberiam a educação como um fator de equalização social e um instrumento de correção da marginalidade. Isso seria alcançado à medida que a escola cumprisse a função de:

> *ajustar, de adaptar os indivíduos à sociedade, incutindo neles o sentimento de aceitação dos demais e pelos demais. Portanto, a educação será instrumento de correção da marginalidade na medida em que contribui para a constituição de uma sociedade cujos membros não importem as diferenças de quaisquer tipos, se aceitem mutuamente e se respeitem na sua individualidade específica.* (Saviani, 1987, p. 12)

Nessa concepção, a educação é vista com uma ampla margem de autonomia em face da sociedade, cabendo-lhe um papel fundamental na conformação dessa mesma sociedade ao evitar a sua desagregação e, mais do que isso, ao garantir a construção de uma sociedade igualitária. A igualdade resultaria da união, da solidariedade e da agregação.

A escola teria assim, um papel decisivo ao organizar-se para essa finalidade, a saber: acolher a todos aqueles socialmente rejeitados e trabalhar qualificadamente o não domínio do conhecimento.

O estudioso clássico da sociologia Émile Durkheim (1858-1917) referia-se às instituições escolares como importantes veículos de transmissão dos valores, das regras e das leis próprias que constituem as sociedades organizadas. Essa transmissão era feita de maneira inevitável, das velhas para as novas gerações. Durkheim e outros estudiosos que se identificavam com essa perspectiva concebiam a sociedade e as suas instituições constituintes, como a escola, por exemplo, de forma funcional, harmônica, organizada e consensual.

Nas palavras de Durkheim, citado por Rodrigues (2004, p. 21):

> *A educação é a ação exercida pelas gerações adultas sobre as gerações que não se encontram ainda preparadas para a vida social; tem por objeto suscitar e desenvolver, na criança, certo número de estados físicos, intelectuais e morais, reclamados pela sociedade política, no seu conjunto, e pelo meio moral a que a criança, particularmente, se destine.*

Autores claramente críticos a essa perspectiva pedagógica tendem a denominá-la como *tradicional*, na medida em que essa forma de educar molda os indivíduos de acordo com os interesses da sociedade, utilizando formas coercitivas (o uso da punição exemplar aos desobedientes). Ou seja, os indivíduos não teriam escolha, as regras sociais já estariam predeterminadas, através de uma sociedade dotada de um poder supremo sobre todos.

A cultura disponível para a escola, na visão conservadora, seria concebida de forma estática, não haveria espaço para a problematização nem para os questionamentos – especialmente aqueles referentes aos conflitos, próprios de qualquer processo societário. Educar na teorização não crítica é sinônimo de *conservar*.

Segundo o educador brasileiro Paulo Freire, um dos teóricos que se opõem a essa perspectiva, no âmbito conservador há uma mera transmissão de conteúdos obrigatórios extensos, cansativos e cristalizados, como, por exemplo, a exposição de datas festivas, de feitos e de personagens heroicos, todos eles tidos como únicos e verdadeiros. Sobre esses aspectos, Freire (1996, p. 52) relata que: "Quando entro em uma sala de aula devo estar sendo um ser aberto a indagações, à curiosidade, às perguntas dos alunos, a suas inibições; um ser crítico e inquiridor, inquieto em face da tarefa que tenho – a de ensinar e não transferir conhecimento". Ao contrário disso, na perspectiva tradicional, a mera transferência de informações é orientada para não aceitar dúvidas, pois os dados transmitidos seriam de conhecimentos tidos como nobres, únicos e verdadeiros.

A teorização não crítica é tida como defensora de uma pedagogia elitista, distante das preocupações e da realidade dos educandos. Seria uma pedagogia preocupada com a capacidade do aluno em atingir notas previamente estabelecidas, em memorizar conteúdos, passar de um ano para o outro e fixar conhecimentos (os já conhecidos exercícios de fixação ilustram esse argumento). Além disso, as provas comprovariam definitivamente o seu sucesso ou o seu fracasso. Alguns dispositivos pedagógicos são fundamentais para esse objetivo – como, por exemplo, o livro didático, na medida em que ele facilitaria as repetições e a padronização das ideias dominantes e dos conteúdos considerados adequados. Seguir a cartilha sem nenhuma contestação seria uma maneira de garantir o desenvolvimento do processo educativo.

Educar, nessa perspectiva, consiste fundamentalmente em integrar o homem em uma sociedade que fixou leis, normas e valores para garantir, proteger e conservar uma determinada ordem social que, a todos, sem exceção, é imposta. A prática docente tende ao autoritarismo, por vezes, perverso, como nos narra Gramsci, citado por Buttigieg (2003, p. 42):

> *O professor de física, que era um cavalheiro muito distinto, se divertia à beça pondo-nos em situação embaraçosa. Na última prova oral do terceiro trimestre, me propôs questões de física ligadas à matemática, dizendo-me que da exposição que fizesse dependeria a média anual e, portanto, a obtenção do diploma.*

Gramsci se lembra das risadas desse professor, risadas que o atormentaram durante toda sua vida colegial. Ele se lembra de ter ficado "branco como gesso, da cabeça aos pés", diante do quadro-negro, tentando resolver as questões propostas e, apavorado, escrevia e apagava repetidas vezes. É interessante constatar que experiências dolorosas no âmbito escolar, como essas narradas pelo estudioso, também são trazidas, em diversas versões, por alunos de cursos de graduação. Assim, gritos, notas baixas escritas em letras maiúsculas, castigos, ir para "o canto" e permanecer virado para a parede, nomes no livro negro, bilhetes e pareceres descritivos são lembrados como momentos difíceis e, por vezes, traumatizantes de suas experiências escolares.

Na perspectiva tradicional, o professor manda, o aluno obedece. No que se refere à didática de sala de aula, o professor explica, com ou sem paciência, às dificuldades pessoais. O professor decide sobre o ritmo e tempos da aprendizagem, possui conhecimento específico da matéria e transmite os conteúdos. O aluno ideal, o educando, é comportado (ele não incomoda, não é agitado, não é nervoso, não é contestador), é submisso, é dócil, calmo, passivo, recebe as informações, ouve o professor, copia, decora exemplarmente datas, nomes e conteúdos. As verdades, as histórias das grandes conquistas e de heróis e as grandes descobertas são memorizadas mediante exercícios de fixação. Logo após, esses conteúdos podem ser esquecidos e, não raras vezes, como vimos, separados da realidade do aluno e do professor.

Num clássico de curta-metragem feito no Rio Grande do Sul, intitulado *Ilha das flores* (dirigido por Jorge Furtado, em 1989), há uma cena exemplar para o argumento supracitado: o esquecimento e o descarte dos conteúdos que são normalmente ensinados. Num lixão frequentado por porcos e por pessoas muito pobres que buscam comida, em meio à sujeira e a sobras de alimentos, alguém encontra uma prova de história aplicada a uma aluna do ensino fundamental. Nessa prova, são propostas questões sobre nomes de capitanias e figuras históricas do Brasil, relativas à época da descoberta e da colonização. De uma forma trágica e ao mesmo tempo irônica, esse filme retrata uma constatação vivida por muitos estudantes e professores: a falta de um sentido real no ato educativo. Feitos históricos, heroicos e oficiais trazidos em uma avaliação e perdidos em meio à barbárie da miséria parecem registrar a incapacidade e a impossibilidade de a escola trabalhar com dados, currículos e conteúdos constituídos de densidades reais, conteúdos vinculados à situação social, histórica e cultural de seus educandos e de seus educadores[e].

A educação tradicional funciona como um mecanismo de afirmação ao sistema sociocultural vigente. É baseada na teoria da aprendizagem de disciplina mental que não leva, de acordo com os teóricos críticos, à conscientização, à criatividade, à transformação e à ação. É o conhecimento de uma realidade estática, erudita, "superior" e cristalizada. O conhecimento habitaria uma espécie de realidade posicionada de maneira paralela àquela realidade vivenciada pelas pessoas comuns.

Na perspectiva da teoria não crítica, a sala de aula também é um território de competição, no qual os mais preparados superam os fracos, os menos capazes, os despreparados e os perdedores, acentuando-se, assim, o individualismo e a concorrência entre os pares (os melhores são elogiados e premiados, por exemplo, e os piores castigados através da exposição pública de suas notas baixas e seu mau desempenho). Uma prática comum em muitas escolas é a separação das turmas, dividindo-as em melhores e piores. Alunos estagiários e professores recém-formados costumam relatar que a eles sobrou a "pior" turma da escola, turmas que "ninguém quer", cujas características dos alunos são por todos conhecidos: indóceis, hiperativos, indisciplinados, desajustados, "problemáticos", além de apresentarem imensas dificuldades de aprendizagem.

---

e. O conteúdo em si, como, por exemplo, as capitanias hereditárias, não é um problema. Serve para demonstrar como numa perspectiva crítica se descontextualizam os conteúdos, e o objetivo passa a ser a mera "informação", sem que ela seja utilizada como forma de reflexão. Por exemplo: de uma perspectiva crítica, as capitanias hereditárias poderiam servir como um bom exemplo para se refletir sobre o desenvolvimento da propriedade no Brasil e ser associado a questões pertinentes à vida dos alunos.

Ou seja, a partir dessas divisões, alguns alunos passam a carregar estigmas, preconceitos que, em última instância, os levaria ao fracasso e à impossibilidade de superação de suas dificuldades estudantis. É costumeiro, dizem os narradores, lamentar-se de forma fatalista a realidade e o provável futuro desses alunos: "Coitadinhos, são tão fracos, o que vai ser deles? "ou "Que futuro tem esta criança, se a mãe é alcoólatra e o pai é marginal?". Ou seja, a escola através dessa pseudopenalização dirigida aos "menos afortunados" reforça e reproduz práticas, como essas desigualdades, presentes em outros âmbitos sociais, não apontando nenhuma alternativa a elas.

Durkheim acreditava na existência de um reino social análogo ao reino mineral e vegetal. Assim como os biólogos, os físicos e os químicos, caberia aos cientistas sociais descobrir as leis de funcionamento de seus objetos de análise, a saber, as sociedades. Para o autor, citado por Rodrigues (2004, p. 21),

> se a lei da gravidade ou da inércia são leis da natureza – não se pode questioná-las, não se pode mudá-las, e só nos resta conhecê-las para melhor viver –, do mesmo modo a sociedade, a vida coletiva, deve ter suas leis próprias, independentes da vontade humana, que precisam ser conhecidas.

A terminologia científica matemática foi utilizada para o entendimento do que se convencionou chamar de *fenômenos sociais*. Uma influência de grande importância pode ser verificada, por exemplo, no uso de dados estatísticos, de percentuais e de variáveis nas explicações dos "objetos investigados". Sua consequência é a apropriação da linguagem de variáveis para especificar atributos e qualidades do objeto de investigação – no caso em questão, a sociedade, suas leis de causa e efeito, suas regularidades e generalidades. Trata-se, em última análise, do uso da pesquisa quantitativa nas ciências sociais, cujos pressupostos são os mesmos utilizados nas ciências exatas e nas ciências da natureza.

Os campos e os métodos de ciências nobres como a matemática e a biologia garantiriam explicações tidas como verdadeiras. Por meio desses métodos, da objetividade dos números, nossas atitudes, decisões ou análises não seriam afetadas por valores pessoais, por visões partidárias de mundo, por paixões ou por interesses próprios. A neutralidade científica (o suposto não envolvimento pessoal com as possíveis implicações do conhecimento) seria assim obtida através de um distanciamento entre professores e alunos, proporcionado pela "frieza dos números", da objetividade do método quantitativo, suficiente, por si só, para explicarmos a realidade social. Por esse motivo, não é incomum a afirmação de que os "números falam por eles mesmos". Para os positivistas, a análise social seria avaliada de forma objetiva se fosse realizada por instrumentos padronizados, pretensamente neutros. A linguagem das variáveis ofereceria a possibilidade de expressar generalizações com precisão e objetividade. Os positivistas atribuem à imaturidade das ciências sociais sua incapacidade de prever e determinar a ação humana. De seu ponto de vista, ciências "nobres" como a matemática e a biologia já estão constituídas há mais tempo, portanto, são mais "maduras" que as ciências sociais; daí a veracidade de seus métodos (Rodrigues, 2004).

A questão central para o campo da educação é a de que a realidade, segundo a influência positivista, é concebida como composta de partes isoladas, de casos isolados, assim como são isolados, para efeito de estudo, as células e os átomos. Por isso, o amplo uso comum de justificativas que tendem a especificar, a singularizar problemas escolares, quando eles se manifestam. Tomemos como exemplo estudos sobre o fracasso ou a evasão escolar. Numa perspectiva tradicional, problemas educacionais como esses são desvinculados de uma dinâmica social ampla e submetidos a relações, a explicações simples, sem aprofundar as causas. Argumentam sobre motivações pessoais, desajustes de diversas ordens e desinteresse familiar – nesse sentido, costuma-se utilizar explicações fundamentadas no conceito de "família desestruturada". Ou seja, é concebida uma conceituação idealizada de família, que desconsidera a variedade de arranjos familiares próprios de nossa sociedade e dificulta o debate e a percepção da variedade de situações à qual elas estão expostas, assim como a situação de miserabilidade em que muitas delas se encontram.

(.)

Ponto final

Neste capítulo, trabalhamos com concepções de educação segundo a teorização tradicional ou teorização não crítica. O mundo, nessa perspectiva, é concebido de coisas (de relações sociais) separadas, idealizadas e fixadas segundo pressupostos científicos. Ao considerarmos a educação como uma ciência humana, é comum visualizarmos um conjunto sistematizado de conhecimentos, assim como uma listagem organizada de conteúdos e de objetivos a serem atingidos em prazos determinados (o ano letivo, por exemplo). Nesse campo de conhecimento, no qual estão envolvidos indivíduos em relação com a coletividade, buscam-se resultados. Dessa forma, planejamentos e metas são ordenados e colocados à disposição da comunidade escolar de acordo com determinados princípios que orientam as ações, como, por exemplo, a busca da eficiência e do bom desempenho por parte dos alunos (tal como as notas necessárias para a aprovação). O processo de conhecimento, nessa concepção, disporia de procedimentos e técnicas. A educação científica, postulada em fundamentos científicos, teria que consistir plenamente nesse conjunto sistemáticos de saberes, objetivando sempre sobre as melhores e as mais eficientes técnicas de se levar o educando a atingir seus objetivos.

Indicações culturais

Filmes

ILHA das flores. Direção: Jorge Furtado. Produção: Mônica Schmiedt; Giba Assis Brasil; Nora Goulart. Brasil: Zero 512 Produções, 1989. 13 min.

PONTO de mutação. Direção: Bernt Amadeus Capra. Produção: Adrianna A. J. Cohen; Robert Holding; Klaus Lintschinger. EUA: Atlas Films, 1991. 111 min.

Livros

SAVIANI, D. *Escola e democracia*. São Paulo: Cortez, 1987.

SILVA, T. T. da. *Identidades terminais*: as transformações

na política da pedagogia e na pedagogia da política. Petrópolis: Vozes, 1996.

Atividades

1. Que influências a filosofia positivista trouxe para o campo educacional?
2. Autores não alinhados à perspectiva não crítica da educação costumam chamá-la de *elitista*. Você concorda com essa denominação? Por quê?
3. Na sua opinião, é possível manter um distanciamento entre os conteúdos científicos trabalhados com a realidade dos alunos e professores? Em que medida?

(4)

Contribuições da
teorização crítica

É importante assinalar, para efeito de uma maior compreensão das distinções entre as perspectivas críticas e não críticas, a análise de alguns dispositivos utilizados no processo educacional.

A ação educativa pretende, por meio de suas diversas técnicas, educar para a sociedade, e esses objetivos são direcionados e regulados a partir:

- de PRESSUPOSTOS DAS TEORIAS DA APRENDIZAGEM – argumentos, pressupostos teóricos sobre as idades e as fases do desenvolvimento mais adequadas para os diferentes tipos de aprendizagem;
- da DISCIPLINA DOS SUJEITOS ENVOLVIDOS nessa ação – ordenamentos institucionais, envolvimento familiar, capacidades e habilidades de professores e educandos;
- dos RESULTADOS OBTIDOS NA SUA APLICAÇÃO – sucesso ou fracasso escolar.

Compreende-se que os objetivos educacionais e as técnicas utilizadas para atingi-los, em seu contexto social, são transmitidos de geração a geração. Ou seja, a finalidade social e as diversas técnicas pedagógicas conhecidas são trabalhadas conjuntamente: leitura, memorização, exercícios, experiências, trabalhos em grupos, pesquisa etc.

(4.1) Teorização crítica

Autores críticos afirmam que é difícil ou mesmo impossível a separação entre a teoria e a prática educativa, especialmente se a educação é considerada uma ciência normativa que está intrinsecamente envolvida com a experiência humana e que se volta para uma outra ação (o aprender). Sobre esse argumento, Vera Rudge Werneck (1984, p. 63) afirma:

> *A ciência da educação é ainda entendida como uma ciência que por métodos empíricos procura conhecer o homem nos seus aspectos psíquico, corporal e social. As teorias da*

educação, como teorias das ciências humanas que são, não se podem desvincular por completo da condição ideológica.

Para essa autora, um trabalho educacional que se limitasse apenas a desenvolver as potencialidades do educando sem lhe apontar nenhuma direção filosófica ou mesmo ideológica certamente seria infértil. A ciência da educação e o objetivo da escola são entendidos nessa perspectiva como sistemas de transformação ativos da realidade. A ciência é aqui entendida como um ato de criação e não como um mero exercício de repetição de técnicas e de procedimentos padronizados.

O que diferencia, no nosso entendimento, em linhas gerais, a teorização não crítica da teorização crítica é a visão que estas têm do processo educativo: há, em especial, uma ênfase dada ao tecnicismo e ao cientificismo pela primeira teorização e uma ênfase, da segunda, em uma formação para a conscientização e a transformação social dos sujeitos envolvidos no processo. É interessante percebermos como essas diferentes concepções de educação encontram-se alinhadas com o denominado *objeto formal* da pedagogia social prescrito na atualidade.

A perspectiva de análise da teorização crítica está inscrita fundamentalmente nas contribuições do marxismo[a]. Essa concepção, que se opõe à teorização não crítica sobre os processos educativos, propõe um olhar sobre a sociedade com base no modo de produção capitalista a qual apresenta especificidades que interferem diretamente no

---

a. O marxismo é uma doutrina filosófica desenvolvida pelos filósofos alemães Karl Marx (1818-1883) e Friedrich Engels (1820-1895). Trata-se de um conjunto de ideias sociais, políticas e econômicas sobre a teoria das lutas de classe e da relação entre capital e trabalho.

universo educativo. Os movimentos sociais que defendem essa concepção acreditam que as teorias da educação não podem se desvincular das condições materiais, das concepções ideológicas e dos interesses objetivos materiais ou simbólicos dos grupos dominantes. Ou seja, as condições da vida material impostas pelo sistema capitalista interferem diretamente na educação.

Para uma melhor compreensão desse argumento, leia-se a citação de Karl Marx e Friedrich Engels (1986, p. 36), na qual são apresentados os pressupostos de sua teoria:

> *A produção de ideias, de representações, da consciência está, de início, diretamente entrelaçada com a atividade material e com o intercâmbio material dos homens, como a linguagem da vida real. O representar, o pensar, o intercâmbio espiritual dos homens aparecem aqui como emanação direta de seu comportamento material. O mesmo ocorre com a produção espiritual, tal como aparece na linguagem da política, das leis, da moral, da religião, da metafísica etc. Mas os homens reais e ativos, tal como se acham condicionados por um determinado desenvolvimento de suas forças produtivas e pelo intercâmbio que a ele corresponde até chegar às suas formações mais amplas. A consciência jamais pode ser outra coisa do que o ser consciente, e o ser dos homens é o seu processo de vida real.*

Na perspectiva marxista, os indivíduos são determinados pela forma como se dá a produção material, pela forma como ela está organizada. Eles se encontram limitados às práticas, às formas de produzir e às visões de mundo e da cultura de quem detém o poder. Marx, na interpretação de Werneck (1984, p. 38), considera a produção das ideias, das representações e da consciência como direta e intimamente ligada à atividade material e ao comércio material dos homens.

Fortalecendo esse argumento, temos a convicção de Gramsci de que a possibilidade das classes dominantes tomarem o poder e mantê-lo não era apenas por meio da força bruta, não era apenas o resultado de um embate físico entre grupos desiguais, no qual o mais forte imporia suas regras e a todos as submeteria. Mas, também, e talvez mais fundamentalmente, obteria a dominação cultural. Isto é, a capacidade de difundir por toda a sociedade as filosofias, os valores, os gostos etc. da classe dominante como únicos, verdadeiros e adequados são garantias de dominação. A revolução burguesa, entendida por Gramsci, citado por Buttigieg (2003, p. 45): "não foi algo espontâneo; mas precisamente, foi a culminação de um intenso e continuado trabalho de crítica, de penetração cultural, de impregnação de ideias [...]".

Essa ideologia como decorrente da situação material iria depender dos seres humanos reais tais como teriam sido condicionados pelo desenvolvimento da suas forças produtivas e do modo de relação a elas correspondentes. Nesse âmbito de análise, somos levados a compreender a importância da ideologia como um fenômeno que contribui para dominação, em que as relações desiguais entre os humanos são vistas de forma invertida. Essa concepção, no nosso entendimento, compreende a ideologia como um processo negativo, na medida em que ela mascara, inverte, falseia e encobre a realidade. Trata-se de poderoso mecanismo de dominação social. Cabe à ideologia a transmissão de modelos, a promoção e a reprodução das condições econômicas, políticas e sociais como elas estão dadas.

A partir dessa compreensão, a educação apresenta uma dimensão fortemente vinculada às condições econômicas da sociedade capitalista. Há uma conexão entre a estrutura econômica e os conteúdos que são estudados na escola. Com isso, os conhecimentos são instituídos de acordo com os interesses da classe hegemônica, ou seja, a classe dominante, cujas práticas e ideologias encontram respaldo no território escolar. Os indivíduos no sistema capitalista encontrar-se-iam determinados a partir dos lugares por eles ocupados nas relações de produção.

Nesse sentido, Gramsci, citado por Buttigieg (2003, p. 45-46), considerava que a "libertação das classes subalternas requeria um esforço educacional concentrado – um esforço que de algum modo superasse os formidáveis obstáculos postos por um sistema educacional público que estava destinado a servir os ricos e perpetuar seu papel dirigente na sociedade". Essa constatação Gramsci obteve em parte de sua própria experiência educacional. O autor relata situações traumáticas por ele vividas ao longo de sua trajetória como aluno, o que incluía escolas pobres e professores incompetentes, cujos métodos pedagógicos eram sofríveis. Gramsci lembra as humilhações sofridas, situações embaraçosas e perdas de capacidades individuais devido à desmotivação dos mestres. Daí sua análise crítica não só voltada à educação e à cultura, mas também a variadas questões políticas, sociais, históricas, filosóficas, econômicas, religiosas e literárias, que também apresentam dimensões atreladas a interesses dominantes.

As classes subordinadas, os pobres fundamentalmente dependentes dos valores e da cultura de intelectuais burgueses, na acepção de Gramsci, precisavam se libertar dessa dominação. Eles precisavam buscar sua autonomia, de modo que pudessem desenvolver sua própria cultura, sua própria visão de mundo. Para tanto, fazia-se necessário, em primeiro lugar, romper com o positivismo, uma abordagem teórica que, para o filósofo italiano, estava superada. O positivismo, para Gramsci, apenas reforçava a submissão das classes dominadas, além de fornecer-lhes uma visão de mundo fatalista (Buttigieg, 2003).

Os problemas sociais seriam reflexões/consequências da desigualdade entre as classes sociais. Autores adeptos à teorização crítica sustentam que a classe que detém a maior força, a classe dominante, se apropria da riqueza gerada pela produção do trabalho. A classe dominada tende a ser relegada a uma situação de precariedade social. A educação acaba por depender dessa estrutura social que produz desigualdade, marginalidade etc. e, em muitos casos, seu papel consiste em reforçar e legitimar essa situação ao não propor melhorias, ao individualizar dinâmicas coletivas ou não lutar por uma maior amplitude de direitos. Nesse sentido, a educação, longe de ser um instrumento de superação da marginalidade, converte-se num fator de marginalização, já que sua forma específica de reproduzir a marginalidade social é a produção da marginalidade cultural e, especificamente, a escolar.

Os interesses das classes na sociedade capitalista são diferenciados na medida em que suas condições são estruturadas de forma antagônica e desigual. No entanto, a ideologia encobre, através do uso de explicações míticas, subjetivas etc., a existência real desses antagonismos. A desigualdade, que é fundamental nas relações estabelecidas entre as classes sociais, leva à emergência de situações de grande conflitualidade. Nessa concepção, os inúmeros problemas sociais que enfrentamos cotidianamente, como a violência, a fome e o desemprego, são entendidos como questões inerentes à estrutura da sociedade. No entanto, como vimos, a ideologia tende a encobri-los.

(4.2)
A educação do ponto de vista da teoria crítica

O que diferencia, em linhas gerais, a teorização não crítica da teorização crítica é o entendimento que ambas têm do processo educativo: a primeira dá ênfase ao tecnicismo e ao cientificismo; a segunda, a uma formação para a conscientização e a transformação social dos sujeitos envolvidos nesse processo.

É interessante percebermos como essas diferentes concepções de educação encontram-se alinhadas com o objeto da pedagogia social prescrito na atualidade. Nas palavras de Roberto Machado (1982, p. 1):

> A Pedagogia Social se insere no debate como a ciência que referenda políticas de formação do educador para atuar na área social e como prática intervencionista, justificando-se, assim, a dimensão teórico-prática nesta discussão. A Pedagogia Social apresenta-se, nos diferentes autores, como uma ciência que propicia a criação de conhecimentos, como uma disciplina que possibilita sistematização, reorganização e transmissão de conhecimentos e como uma profissão com dimensão prática, com ações orientadas e intencionais. [...] O objeto formal da Pedagogia Social é a intervenção na realidade, como ciência normativa, comprometida com o fazer. Apropria-se da análise de indivíduos e da sociedade desenvolvida por outras áreas.

É de opinião geral entre os educadores que o uso de dispositivos pedagógicos, como os conteúdos disciplinares, os currículos, os planos e as metas de ensino distantes da realidade e das experiências vividas dos profissionais e, especialmente, dos alunos, têm-se revelado infrutíferos. Sobre esse aspecto, encontramos um importante argumento na clássica obra do educador brasileiro Paulo Freire, intitulada *Pedagogia da autonomia*.

O argumento de Freire (1996) defende a necessidade, no processo educativo, de se respeitar os saberes dos educandos, sejam eles quais forem. Diz Freire que sua experiência de mais de 30 anos nesse campo mostrou-lhe a riqueza dos diferentes conhecimentos trazidos pelos indivíduos, sobretudo aqueles de educandos oriundos das classes populares, os quais, na concepção desse educador, foram construídos comunitariamente, nas suas experiências concretas de vida e de luta. Nas palavras de Freire (1996, p. 33): "Por que não aproveitar a experiência que têm os alunos de viver em áreas da cidade descuidadas pelo poder público para discutir, por exemplo, a poluição dos riachos e dos córregos e os baixos níveis de bem-estar das populações, os lixões e os riscos que oferecem à saúde das gentes?".

Fica clara a estreita vinculação entre a realidade do educando e os conteúdos trabalhados que se pode e se deve apontar estabelecer ao longo do processo educativo. Fracassos educacionais, objetivos não atingidos, resultados contrários aos almejados, nessa perspectiva, não são obra do acaso. Da mesma forma, não se deve apontar apenas a falta de empenho do educando como razão para os resultados negativos. O distanciamento entre os objetivos educacionais da realidade da comunidade escolar, assim como a forma de implantá-los, desconsiderando a vivência do estudante, interfere negativamente no trabalho educacional. A prática educativa para Freire é afetividade, alegria, capacidade técnica e científica, mas, também, luta por dignidade, transformação e política.

Os estudos de Pierre Bourdieu, um autor francês bastante utilizado pela vertente crítica, apontam para os processos de reprodução cultural e social que se dão por meio da educação. No dia a dia escolar, segundo Bourdieu, são produzidos significados. Esses significados são mediados e incorporados em formas de conhecimento, em práticas sociais, experiências e *status* culturais. A educação contribui para a reprodução social por meio de práticas de linguagem, da atribuição de valores, da exaltação e da diferenciação de estilos – ou seja, há a disseminação de um capital cultural. O conceito de capital cultural também representa certas maneiras de falar, agir, andar, vestir e socializar que são institucionalizadas pelas escolas. As escolas, para Bourdieu, não são simplesmente locais de instrução, mas, também, lugares nos quais a cultura da sociedade dominante é aprendida e distinguida. É um lugar onde os estudantes experimentam a diferença entre aquelas distinções de *status* e classe que existem na sociedade mais ampla (Rodrigues, 2004).

(4.3)
A prática docente na perspectiva da teorização crítica

Para a teorização crítica não é viável trabalhar didaticamente, escrever, ler ou dialogar sobre contextos históricos ou sobre determinadas temáticas se isso for ensinado de maneira isolada, sem levar em consideração as forças culturais e as condições sociais e políticas que lhes servem de moldura. A visão tradicional do ensino e da aprendizagem escolar, entendida como um processo neutro ou transparente, absolutamente afastado da conjuntura de poder, da história das lutas e dos contextos sociais, é descartada. É necessário, portanto, desmascarar, desvelar a realidade, como dizem os adeptos da teoria de Paulo Freire, mostrar a desigualdade estruturada de interesses antagônicos dentro de uma ordem social (Silva, 1999).

A teoria crítica educacional visa à promoção de uma pedagogia social crítica, comprometida com os imperativos de autorizar os estudantes e transformar a ordem social mais ampla no interesse de uma democracia mais justa e igualitária. Uma compreensão crítica desse relacionamento (escola, professor e educando) torna-se necessária para que todos os sujeitos envolvidos no processo educativo reconheçam como a cultura escolar dominante se utiliza de práticas hegemônicas que na maioria das vezes ocultam, silenciam e inviabilizam os grupos estudantes oriundos de segmentos subordinados da população.

A teorização crítica também tem por objetivo promover um novo entendimento do ordenamento, no qual estão presentes sentidos democráticos, comunitários e participativos voltados às organizações escolares. Essa concepção visa despertar a reflexão e a capacidade criadora para que se alcance a transformação da realidade. Para tanto, é necessário lançar desafios permanentes aos alunos, utilizando sempre situações existenciais concretas, colocando-os em posição permanentemente reflexiva, em que usem materiais e conhecimentos acumulados no passado para resolver os problemas da atualidade.

As buscas constantes da ação, da reflexão e da conscientização compõem a tríade, a matriz na qual se fundamenta a teorização crítica.

(4.4)
A relação professor-aluno

O professor filiado a essa teorização deve sempre questionar, incomodar, orientar de forma a não comprometer negativamente os saberes, a criatividade e a vontade de aprender presente nos alunos. O estímulo deve ser positivo, e a organização da dinâmica de aula deve contemplar as dificuldades e facilitar o aprender. Deve-se abolir o mero autoritarismo e a exigência desmedida que apenas anulam iniciativas e sonhos (Silva, 1999).

Em contrapartida, o aluno, segundo essa perspectiva, desenvolve uma postura ativa e cooperativa na medida em que é agente do processo educativo e não mero receptor de informações que lhes são alheias.

Os seguidores da teorização crítica a concebem como uma perspectiva didática e dinâmica: seus métodos recusam o chamado *enciclopedismo* e seus conteúdos buscam a diversificação. Aqui também se procura descobrir a "verdade", mas ela deve ser obtida através do espírito crítico, desafiante e criativo e não como uma verdade absoluta e não de mão única.

A educação nessa vertente teórica é libertadora, exige uma constante autovigilância e conversão por parte dos educadores, no sentido de abandonar atitudes de dominação, legitimação e imposição do *status* dominante e do autoritarismo, substituindo-as por de receptividade, interesse, reciprocidade, humildade, tolerância, confiança, afeto, paciência etc. Ela também exige conversão por parte dos alunos, superando a tendência natural à dispersão da atenção, do uso indiscriminado de compensações imediatas, esquivando-se do esforço perseverante, responsável e disciplinado.

(.)
Ponto final

Vimos neste capítulo que a perspectiva educacional crítica tem por objetivo primordial formar sujeitos críticos, conscientes de sua capacidade de libertação recíproca e que buscam criar novas realidades. Acreditamos que todos os acontecimentos que envolvem os processos educacionais são determinados na sociedade, a qual foi constituída (e constitui-se) no modo de produção capitalista. Por ser uma sociedade dividida em classes com interesses opostos, a escola sofre a determinação do conflito de interesses que caracteriza a sociedade. A teorização crítica, porém, supõe, antes de tudo, a conversão pessoal, tanto de alunos quanto de professores, que não será autêntica se não traduzir um compromisso de transformação da realidade. Em termos pedagógicos, há uma constante busca do diálogo, realizando-se, assim, o que esses autores consideram como a verdadeira interação educativa.

Na prática, certamente, nos encontramos cheios de limitações e de condicionamentos que nascem do egoísmo, do individualismo excessivo e da barbárie próprios de um contexto social que favorece a disseminação dessas práticas. Por isso, encontramos máximas como "cada um por si...". Autores críticos reconhecem que há uma consciência, por vezes distorcida, imposta pelo ambiente, pelas interpretações ditas de forma repetitiva e sem análises mais profundas das verdadeiras condições sociais às quais estamos submetidos. Educar e educar-nos implica, portanto, uma libertação interior e um compromisso criador diante dos outros e do mundo.

Indicações culturais

Filmes

CAMA de gato. Direção: Alexandre Stockler. Produção: Trauma. Brasil: Prodigo Filme, 2002. 92 min.

DOMÉSTICAS – O filme. Direção: Nando Olival; Fernando Meirelles. Produção: Andréa Barata Ribeiro. Brasil: O2 Filmes, 2001. 90 min.

PRO DIA nascer feliz. Direção: João Jardim. Produção: Flávio R. Tambellini. Brasil: Copacabana Filmes, 2006. 88 min.

TEMPOS modernos. Direção: Charles Chaplin. Produção: Charles Chaplin. EUA: United Artists, 1936. 87 min.

Livros

COUTINHO, C. N.; TEIXEIRA, A. de P. *Ler Gramsci, entender a realidade*. Rio de Janeiro: Civilização Brasileira, 2003.

FREIRE, P. *Educação e mudança*. Rio de Janeiro: Paz e Terra, 2007.

_____. *Pedagogia da autonomia*: saberes necessários à prática educativa. Rio de Janeiro: Paz e Terra, 1996.

_____. *Pedagogia do oprimido*. 8. ed. Rio de Janeiro: Paz e Terra, 1980.

MARX, K.; ENGELS, F. *A ideologia alemã*: Feuerbach. São Paulo: Hucitec, 1986.

WERNECK, V. R. *A ideologia na educação*: um estudo sobre a interferência da ideologia no processo educativo. Petrópolis: Vozes, 1984.

Atividades

1. Autores adeptos da teorização crítica acreditam que a educação tem condições de contribuir para a formação de sujeitos conscientes das desigualdades sociais e transformadores dessa mesma realidade. Você concorda com essa crença? Por quê?
2. A teorização crítica discorda da tradição autoritária que se faz presente na atitude de muitos professores diantee de seus alunos. Qual a diferença, na sua opinião, entre autoridade e autoritarismo?
3. Autores críticos afirmam que a escola reproduz as desigualdades sociais. Quais são os argumentos utilizados para comprovar essa afirmação?

: (5)

Contribuições dos teóricos
pós-críticos para o campo
educacional

Teóricos pós-críticos também são denominados de *pós-modernos* e *pós-estruturalistas*. Esse é um campo teórico de difícil definição, na medida em que são inúmeras, contraditórias e, por vezes, paradoxais suas características e seus conceitos. Não há uma única forma de se conceber o campo teórico dos pensadores pós-críticos. Tomaz Tadeu da Silva (2001a, p. 111) reforça esse argumento ao afirmar que o "pós-modernismo não representa, entretanto, uma teoria coerente e unificada, mas um conjunto variado de perspectivas, abrangendo uma diversidade de campos intelectuais, políticos, estéticos, epistemológicos".

Esse autor aponta que o pós-modernismo questiona as concepções do pensamento social e político estabelecido na modernidade e tradicionalmente em voga na educação, como as de progresso, razão e ciência. O autor afirma ainda que as noções de educação e pedagogia foram solidamente constituídas na modernidade. Entendemos, assim, que tanto a transmissão de conhecimentos que visa preparar o indivíduo para a vida social – um princípio da educação tradicional – quanto a formação de um indivíduo consciente, autônomo, transformador – um princípio da pedagogia crítica – estão inscritas na mesma lógica da educação moderna.

(5.1)
O contexto da teorização pós-crítica

A fim de se obter uma melhor compreensão da teoria pós-crítica e dos conceitos por ela utilizados, são necessárias algumas considerações sobre a época histórica em que vivemos, na qual se inscrevem essas teorizações.

Estamos em tempos de grandes transformações: a chamada *era digital*, possibilitadora da conexão entre pessoas que vivem em territórios distantes; mutação na produção da vida social (basta observarmos as grandes transformações ocorridas nas formas de se trabalhar); mudanças comportamentais, estéticas, artísticas, institucionais etc. A educação, como não poderia deixar de ser, é constituída e constituinte dessas mudanças. Ela sofre e também produz essas mudanças.

Perante essas mutações culturais e sociais ocorridas nos últimos tempos, assistimos à emergência de uma situação sócio-histórica que demandou a formulação de novas teorias e novos conceitos. Ou seja, observamos uma espécie de esgotamento das explicações usuais, oriundas da teorização tradicional e da teorização crítica, sobre fenômenos e fatos sociais vinculados ao campo educacional. Stuart Hall (1997a, p. 9) afirma que um tipo diferente de mudança estrutural estava transformando as sociedades modernas no final do século XX.

Dessa forma, podemos pensar numa fragmentação das imagens culturais de classe, somando a elas questões de gênero, de sexualidade, de nacionalidade e de raça "que, no passado, nos tinham fornecido sólidas localizações como indivíduos sociais" (Hall, 1997a, p. 9). Especialmente, no nosso entendimento, o conceito de classes sociais, como modelo usual de explicação fundamental das sociedades contemporâneas e de seus conflitos, parece não dar mais conta isoladamente da diversidade de situações, interesses e poderes em jogo na atualidade.

No percurso acadêmico no campo das ciências humanas, é possível deparar-se, por um lado, com as chamadas *análises macrossociológicas*[a], voltadas aos grandes temas estruturais, tais como a economia e a política. Nessas análises "macro", encontram-se, por exemplo, pesquisas sobre a fome, sobre as relações de trabalho no campo ou na cidade,

---

a. Na publicação intitulada *Natureza, história e cultura: repensando o social*, dos *Cadernos de Sociologia* (1993), encontram-se reunidos trabalhos de diferentes autores voltados a esse tema. Entre eles, destacamos o artigo de Elisa P. Reis, *Impasses e desafios à teorização na sociologia contemporânea*, e o de Ana Maria Fernandes, *O paradigma clássico versus o surgimento de um novo paradigma da ciência e da tecnologia e suas relações com o homem, a natureza, a história e a cultura*.

estudos sobre partidos políticos, indústrias, fábricas, relações comerciais, novas classes trabalhadoras, movimentos sociais etc. Todas essas dimensões, dependendo do campo da pesquisa, poderiam ser vinculadas e pensadas, em alguma medida, com a escola, ou seja, com as conexões estruturais existentes entre a economia e a educação. Por outro lado, também é possível encontrar outros estudos relacionados com as questões de gênero, de idade, de religião, de nacionalidade, de raça e etnias, que, na perspectiva sociológica, são denominados de *análises microssociológicas*.

(5.2)

A crítica pós-modernista ao positivismo e ao marxismo

As análises microssociológicas, assim como as temáticas de pesquisa que nessa época emergiram, são representativas de um momento em que se observa uma mudança de foco não só no olhar sociológico, mas também na teorização cultural em geral. Na década de 1970, operava-se com uma concepção linear da história supondo-se que o desenvolvimento do capitalismo faria as sociedades chegarem a modelos previstos, fosse a sociedade neoliberal, fosse a sociedade socialista. Já os anos de 1980 e 1990 são marcados pela tentativa de superação dos paradigmas positivista e marxista.

O sociólogo Boaventura de Souza Santos (1994) defende que, já nessa época, a ciência baseada no modelo de racionalidade do positivismo demonstrava sinais de exaustão. As ideias fundamentais do positivismo, em suas variadas vertentes, sustentam a distinção entre sujeito e objeto, entre sociedade, natureza e cultura e a redução da complexidade do mundo aos dados matemáticos.

Jean-François Lyotard (1986), teórico da pós-modernidade, aponta a falência dos grandes discursos modernos, denominados por ele de *metanarrativas*, incluindo aí o marxismo. O autor sustenta que percebemos um distanciamento da ideia de um passado definitivo e de um futuro que pode ser previsto. Para esse autor, a ideia de uma total superação dos problemas educacionais com transformação, num futuro próximo ou longínquo, das relações antagônicas próprias do capitalismo, parece tão incerta e infrutífera quanto a aplicação de princípios positivistas na educação.

Para a crítica pós-moderna, não existe a possibilidade de uma "visão de futuro", na qual os sujeitos superariam definitivamente seus conflitos e construiriam um mundo pleno de consciência, autonomia e liberdade. Uma "visão de futuro" supõe uma metanarrativa ao entender, por exemplo, que a educação do presente é deformada (fracasso e precariedade escolar) unicamente para atender a interesses da classe dominante capitalista. A conflitualidade é entendida simplesmente como própria da estrutura da sociedade capitalista e da natureza do Estado capitalista e o estudo das estratégias dos grupos hegemônicos para conservar seu capital cultural e social reproduzidos na escola (Lyotard, 1986).

Essas explicações e estudos seriam reducionistas, pois as questões que se apresentam na atualidade são de grande complexidade. Além disso, coloca-se em xeque a crença de que, uma vez eliminados esses obstáculos, viveríamos numa sociedade e numa educação ideal, sem injustiças, desigualdades e explorações. As relações de poder entre os homens se modificariam com a implantação de um outro sistema social que não o sistema capitalista?

Todos os conflitos que hoje se apresentam na escola estariam resolvidos em uma outra organização econômica?

Tomaz Tadeu da Silva (2001a) afirma que é precisamente contra a possibilidade da existência de uma tal metanarrativa que o pensamento pós-moderno se rebela. Na concepção pós-modernista, é a utilização de metanarrativas, como o marximo, que acaba por ser opressiva e totalitária, ao subordinar a complexidade e a variedade do mundo social a explicações ou finalidades únicas e totais. No momento atual, a indeterminação e a incerteza passam a ser constitutivas no modo de encarar a história e a sociedade (Santos, 1995, p. 9). Essa provisoriedade quanto aos caminhos e às soluções para os conflitos parece, paradoxalmente, nos guiar. As teorizações não críticas e críticas apontavam, de acordo com seus princípios, para alguma direção: ordem, progresso, emancipação, liberdade etc. Essa indeterminação redimensiona todo o campo de teorização social.

No conjunto das teorias que neste capítulo estamos tratando como pós-críticas, faz-se necessário situar o debate sobre o pós-estruturalismo, que se define por sua rejeição às posições binárias utilizadas pelo pensamento moderno. Guacira Lopes Louro (2000, p. 16) elucida essa rejeição:

> o pensamento moderno foi e é marcado pelas dicotomias (presença/ausência, teoria/prática, ciência/ideologia etc.); nesse "jogo de dicotomias", os dois polos diferem e opõem-se e, aparentemente, cada um é uno e idêntico a si mesmo. A dicotomia marca também, a superioridade do primeiro elemento. É dentro desta lógica que aprendemos a pensar e a pensarmo-nos.

O pós-estruturalismo enfatiza os discursos como elementos constitutivos da realidade. A tradição filosófica, científica e ocidental moderna, nesse âmbito, também é colocada sob suspeita, ou seja, ela é concebida como racista, eurocêntrica, falocêntrica etc. Ou seja, é uma ciência branca, europeia, masculina, que se autointitula como a única detentora do verdadeiro conhecimento. Ao seu redor gravitariam conhecimentos, culturas, raças e etnias, grupos e organizações societárias tidas como diferentes e não raramente inferiores, já que ela, a ciência ocidental moderna, localizar-se-ia no centro e seria tida como superior.

(5.3)
A (re)invenção da "identidade"

Para Stuart Hall, um teórico dos estudos culturais, o que opera no campo da teorização social não pode ser reduzido a uma mera crise de paradigmas explicativos. O problema central da teorização social contemporânea diz respeito ao amplo debate que vem sendo desenvolvido nas ciências sociais sobre a questão da identidade, ou melhor, a inauguração radical de uma "crise de identidade", uma desestabilização provavelmente nunca antes vista em torno dos pretensos lugares de garantia: "as velhas identidades, que por tanto tempo estabilizaram o mundo social, estão em declínio, fazendo surgir novas identidades e fragmentando o indivíduo moderno, até aqui visto como um sujeito unificado" (Hall, 1997a, p. 7).

Freud e Lacan, Foucault, Saussure, entre outros, são apontados por Hall como precursores dos discursos de ruptura do conhecimento moderno. Esses teóricos, em especial através dos conceitos e das teorias do inconsciente, do poder disciplinar e da linguística estrutural, contribuíram, de forma significativa, para a desconstrução da ideia de um sujeito centrado e totalmente racional. Então, o SUJEITO CARTESIANO[b] – "penso, logo existo" –, ou seja, a concepção de um sujeito capaz de lidar com seu mundo de forma única e exclusivamente racional cai por terra.

Stuart Hall também destaca a importância do movimento feminista como sendo aquele que protagonizou as grandes transformações iniciadas na década de 1960, caracterizada como a década dos movimentos sociais: "Cada movimento apelava para a identidade social de seus sustentadores. Assim, o feminismo apelava às mulheres, a política sexual aos homossexuais, as lutas raciais aos negros, o movimento antibelicista aos pacifistas, e assim por diante" (Hall, 1997a, p. 49). Esses movimentos tinham objetivos diferenciados uns dos outros, mas existiu um aspecto importante que veio a marcar todos eles: a luta pelo reconhecimento das suas respectivas identidades.

O impacto dos diferentes olhares sobre a teorização social pode ser verificado no surgimento de várias temáticas de pesquisa que, até bem pouco tempo atrás, não tinham seu lugar de reconhecimento no discurso acadêmico. Tais temáticas não ocupavam um lugar de "nobreza" nos interesses de pesquisa, por serem consideradas de menor importância ou mesmo porque não eram enxergadas. Entre elas, podemos destacar as seguintes: as questões dos meninos e meninas de rua; os movimentos sociais; as pessoas com necessidades educativas especiais; a violência contra mulher; as histórias de vida das mulheres negras; as religiosidades alternativas; o movimento homossexual; a violência urbana; a aids e a sexualidade nas escolas etc.

---

b. Referência ao filosofo René Descartes (1596-1650), representante do racionalismo francês.

Seguindo o caminho desses outros olhares, é possível encontrar uma multiplicidade de diferenças, de grupos e de situações, por vezes contingentes, que, ao emergirem, remetem ao campo educacional temáticas que as interpretações teóricas anteriores não tinham trabalhado.

(5.4)
Tradicionais, críticos e pós-críticos

Como vimos, autores pós-críticos argumentam justamente sobre o esgotamento de modelos usuais explicativos do social. Esses teóricos rejeitam as "grandes narrativas" oriundas de um conhecimento universal e racionalista. Também são colocadas em xeque as clássicas distinções entre a alta cultura e a baixa cultura ou mesmo a compreensão da educação como somente um processo de dominação, ocorrido por meio de uma violência simbólica, como sugere o estudioso Bourdieu, citado por Silva (1996). Estas seriam análises polarizadas, dualistas e restritivas. Restritivas também seriam as análises que separam o mundo rigidamente entre bem e mal, entre razão e irracionalismo, entre a verdadeira consciência e a falsa. Autoritárias seriam todas as análises que advogam ser a verdade sobre os fatos. O pós-modernismo representa uma negação dos pressupostos epistemológicos que caracterizam a análise e o pensamento moderno (a crença na razão e no progresso e no poder libertador da ciência) (Silva, 1996, p. 138).

Os teóricos pós-modernos, pós-estruturalistas, pós-críticos utilizam o termo *pós* para nomear o novo, para distingui-lo do passado. Trata-se de uma nova maneira de entender o próprio pensamento, de uma teorização que busca diferenciar-se das formas, das práticas e da escrita utilizadas pelas teorizações anteriores. É uma perspectiva teórica caracterizada por abordagens multidisciplinares utilizadas por diferentes correntes e diversos meios a ela identificados. Há uma ênfase na crítica a uma única e absoluta verdade e na busca de pluralidade na interpretação dos fatos e dos acontecimentos que permeiam o cotidiano atual. Há também uma negação da noção de sujeito humanista, livre, autônomo, presente nas vertentes teóricas anteriores, vertentes tradicionais e transformadoras.

Nas análises "modernas" da educação, sejam elas tradicionais sejam elas críticas, a noção da existência de um sujeito com uma consciência unitária, homogênea e centrada sempre permeou seus pressupostos. Temos como exemplo os diversos estudos de Paulo Freire nos quais esse autor trabalha explicitamente com as noções de consciência e falsa consciência, uma oposição caracteristicamente "moderna". Para ilustrar essa afirmação, destacamos o seguinte fragmento:

> *É preciso que seja capaz de, estando no mundo, saber-se nele. Saber que, se a forma pela qual está no mundo condiciona a sua consciência deste estar, é capaz, sem dúvida, de ter consciência desta consciência condicionada. Quer dizer, é capaz de intencionar a sua consciência para a própria forma de estar sendo, que condiciona a sua consciência de estar. Se a possibilidade de reflexão sobre si, ou estar no mundo, associada indissoluvelmente à sua ação sobre o mundo, não existe no ser, seu estar no mundo significa um não poder transpor os limites que lhe são impostos pelo próprio mundo, do que resulta que este ser não é capaz de compromisso.* (Freire, 2007 p. 16)

As afirmações presentes nesse fragmento nos conduzem a pensar que, para a pedagogia crítica "moderna", na qual essa vertente teórica se inscreve, há uma preocupação em transformar a consciência das pessoas, em "conscientizar". Esse deve ser o compromisso do profissional com a sociedade: contribuir, em última instância, para que os indivíduos não vivam imersos no mundo sem dele ter consciência. Nessa perspectiva, o homem sem consciência é incapaz de transformar seu tempo, ele é apenas alguém adaptado ao mundo. No entanto, para algumas vertentes pós-críticas, tanto os homens considerados "conscientes" quanto os homens "inconscientes" são produtos de múltiplas determinações, de múltiplos significados, de posições de sujeito e de identidades que não podem ser resumidas simplesmente a uma posição ou a outra. Para os educadores identificados com as teorizações pós-modernas, não existe nenhum estado privilegiado de consciência ao qual o "conscientizador" pudesse conduzir o "conscientizado" (Silva, 1996, p. 147).

Posicionando-se contrariamente às noções modernas, o pensamento pós-moderno rejeita essa noção de uma consciência unitária, autoidêntica, autoreflexiva, racional, homogênea, centrada, determinada por certas dinâmicas centrais. A subjetividade é concebida como fragmentada, descentrada, contraditória, como resultado de múltiplas determinações. A consciência é sempre parcial, é sempre fragmentada, é sempre incompleta. Existe apenas um estado, afirmam os pós-modernos, "permanentemente descentrado, contraditório. Como a subjetividade é vista como sendo o resultado de múltiplas determinações, em geral contraditórias entre si e em permanente tensão mútua, não existe um estado privilegiado de consciência totalmente lúcida" (Silva, 1996, p. 147).

(.)
Ponto final

Neste capítulo, verificamos que a teorização pós-moderna vem contribuir para uma maior compreensão sobre a amplitude e a complexidade de situações vividas na cultura contemporânea. Notamos que a noção "moderna" de sujeito está no centro do questionamento dessa teorização, assim como todos os sistemas explicativos globais da sociedade, nos quais são apontadas limitações na forma de compreensão do social. Como vimos, abre-se um novo leque de situações e teorias no mundo contemporâneo. O olhar, o pensamento e a ação do educador voltam-se para situações que anteriormente eram da ordem do impensável, no universo das instituições escolares: temáticas relativas à sexualidade, à violência, ao racismo, às relações de gênero etc. agora adquirem visibilidade.

Indicações culturais

HALL, S. *A identidade cultural na pós-modernidade*. Rio de Janeiro: DP&A, 1997.

SILVA, T. T. da. *Identidades terminais*: as transformações na política da pedagogia e na pedagogia da política. Petrópolis: Vozes, 1996.

Atividades

1. Como as transformações contemporâneas afetam as teorizações educacionais críticas e positivistas?
2. Quais são as características dessas transformações?
3. É possível, na sua compreensão, combinar teorizações positivistas, críticas e pós-modernas para analisarmos a escola da atualidade? Justifique sua resposta.

(6)

Educação e
diversidade cultural

Gelson Luiz Daldegan de Pádua
Pedro Francisco Guedes do Nascimento

A palavra *cultura* é repetida a todo momento e seus usos são os mais variados. "Você tem cultura?", talvez alguém já lhe tenha feito essa pergunta. Ou, ainda, "Maria é uma jovem muito culta", "João não tem nenhuma cultura" ou "Antônio valoriza a cultura de seus antepassados". São afirmações que apresentam uma mesma palavra com significados muito diferentes. Nos dois primeiros casos, as expressões estão associadas a uma ideia de cultura como erudição ou o acesso à chamada *cultura* no sentido da arte e de conhecimentos gerais. Segundo essa noção abrangente, cultura seria algo que algumas pessoas têm e outras não, o que não ocorreria para o terceiro caso.

No sentido mais específico que as ciências sociais, particularmente a antropologia, a cultura tem outro significado. Ela está relacionada a uma determinada forma de elaboração simbólica que caracteriza os seres humanos. Nessa perspectiva, a cultura não pode ser pensada como uma atribuição de apenas algumas pessoas.

É com base nessa visão que falamos em "cultura" de determinados grupos definidos a partir de características étnicas e sociais. É certo que essa mesma noção de cultura usada para designar características de grupos específicos já foi bastante criticada ao longo dos últimos anos. No entanto, o que se quer destacar aqui é a ideia de que as pessoas, vivendo em coletividade, constroem significados particulares para as suas vidas e de que esses resultados, mesmo que não devam ser usados para configurar esses grupos como totalidades homogêneas, servem para pensar em termos da enorme capacidade que os grupos humanos têm de se diferenciar. Essa capacidade é uma das características centrais dos seres humanos, conforme vimos no primeiro capítulo.

(6.1)
O conceito de cultura

A importância de refletirmos sobre cultura tem a ver com a força que esse conceito tem para considerarmos a magnitude da diversidade humana. Essa questão que é antiga tem sido sempre atualizada e continua a provocar a nossa reflexão. Cultura tem sido empregada para se referir a diferentes "visões de mundo", construídas por grupos particulares, e à forma como essa mesma cultura organiza a vida desses grupos. Se num primeiro momento essa noção foi fundamental para afirmar que "todos têm cultura" e que não haveria sociedades ou grupos mais ou menos "evoluídos", os riscos de se "essencializar" as diferenças logo foram denunciados.

Esse tópico será retomado a seguir. O mais importante a reter, no momento, não é apenas que, ao nos depararmos com o "diferente", nos damos conta do "outro", mas que esse processo mesmo de se dar conta, de perceber o que nos parece diferente, constitui a nós mesmos, à medida que constitui também o outro.

Cultura e alteridade

É a esse processo, sempre de mão dupla, que se dá o nome de *alteridade*. O diferente e a diferença não são alguma coisa que tem uma característica intrínseca, mas é nesse jogo da diversidade que nós nos constituímos como sujeitos. O que é considerado diferente só existe no momento em que é confrontado com algo que se considera familiar. A professora Neusa Gusmão (2003, p. 88), em um texto chamado "Os desafios da diversidade na escola" (constante no livro *Diversidade, cultura e educação: olhares cruzados*, organizado por ela), nos diz que:

> *A alteridade revela-se no fato de que o que "eu sou e o outro é" não se faz de modo linear e único, porém constitui um jogo de imagens múltiplo e diverso. Saber o que eu sou e o que o outro é depende do que eu sou, do que acredito que sou, com quem vivo e porquê. Depende também das considerações que o outro tem sobre isso, a respeito de si mesmo, pois é nesse processo que cada um se faz "pessoa e sujeito", membro de*

um grupo, de uma cultura e uma sociedade. Depende também do lugar a partir do qual nós nos olhamos. Trata-se de processos decorrentes de contextos culturais que nos formam e informam, deles resultando nossa compreensão de mundo e nossas práticas frente ao igual e ao diferente.

Desse modo, como as nossas práticas frente ao "igual" e ao "diferente" são articuladas num país como o Brasil, marcado por tantas desigualdades? É certo que uma pessoa nascida em uma grande cidade, que desenvolve hábitos urbanos, considerados "modernos", poderá construir parte de sua compreensão do que "eu sou" com base na comparação com grupos indígenas que vivem "longe", "na floresta"; pode também se perceber como diferente de um morador de uma comunidade ribeirinha, num município distante do seu. Fazendo isso, a partir de uma noção de cultura, no sentido de que cada um desses "grupos" participam de uma "cultura" própria, essa pessoa poderá chegar à conclusão de que, apesar de todas as diferenças, somos também iguais, parte de um conjunto maior, de um país.

Cultura, diferença e desigualdade

No entanto, a forma como essa alteridade é construída não é feita sempre de forma linear e igualitária. Pensemos nas imagens construídas a respeito de grupos indígenas no Brasil e veremos como, mesmo quando considerados como parte de uma "nação", essa compreensão se faz com base em noções de superioridade e inferioridade. Nesse caso, a tendência é que o observador seja tomado como medida para definir o outro a partir de seus próprios critérios.

Nós tendemos a fazer um conjunto de coisas em nosso dia a dia, desde que nascemos, e as tratamos como sendo naturais e a única possibilidade. É no momento em que percebemos que algumas pessoas, por exemplo, comem coisas diferentes, que são preparadas de modo diverso do nosso, que se vestem de forma diferente e que até mesmo falam outras línguas é que nos damos conta da particularidade da nossa forma de existir. É nesse contato com o outro – a alteridade – que NOS percebemos e percebemos O OUTRO.

Essa tendência dos grupos de ver o mundo sempre com base em seu ponto de vista é o que se convencionou chamar de *etnocentrismo*[a]. Assim, é uma característica de todos os grupos e indivíduos. Mesmo isso sendo verdadeiro – o etnocentrismo como uma tendência generalizada –, precisamos atentar para o fato de que essa percepção e a construção do "outro" não se dão em contextos igualitários:

> *O eu e o outro, como nós, é parte de um contexto relacional marcado, antes de mais nada, por relações de hierarquia e poder. Como então fazer do outro um mesmo, transitar pelo seu mundo e ele pelo nosso, sem confrontos, sem conflitos, sem fazer dele um igual para melhor submetê-lo? Como conviver com as diferenças e estabelecer relações solidárias e de equidade entre sujeitos diferentes? Esses são os desafios permanentes da educação e da escola.* (Gusmão, 2003, p. 89)

A antropóloga Neusa Gusmão chama atenção para o fato de que refletir sobre a alteridade significa não apenas pensar sobre diferença, mas também pensar sobre desigualdade. É pensar sobre poder, dominação, marginalidade e exclusão (Gusmão, 2003, p. 89): "A relação entre o eu e o

---

a. O etnocentrismo "é uma atitude na qual a visão ou avaliação de um grupo social sempre seria baseada nos valores adotados pelo seu grupo, como referência, como padrão, preconceituosa. Basicamente, encontramos em tal posicionamento um grupo étnico considerar-se como superior a outro" (Wikipédia, 2008).

outro é sempre conflitiva e marcada por instâncias diferenciadas de poder".

Para entendermos essas estruturas marcadas pelo poder não é raro usarmos exemplos apenas da relação entre um EU e um OUTRO, distantes espacialmente como fizemos há pouco. Numa sociedade como a brasileira, marcada por uma estrutura de classes em que essas relações são sempre hierarquicamente definidas pelo poder, se faz presente o desafio de esclarecermos ao que nos referimos quando falamos em cultura, para não incorrermos no erro de pensarmos em termos generalizantes e reificados, nos quais a noção de diferença sobrepassa a dimensão da desigualdade e do poder.

A crítica do conceito de cultura: cultura e poder

Foi contra visões restritivas da cultura que nas últimas décadas vários autores elaboraram críticas contundentes ao conceito de cultura. Uma delas foi feita pela antropóloga anglo-egípcia Lila Abu-Lughod. Na opinião dessa autora, a dicotomia entre *self* e outro é produzida e sustentada pelo conceito antropológico de cultura. E mais: toda a diferença implica hierarquia, desigualdade. É sempre o Ocidente e os ocidentais que produzem o outro, situado num outro lugar não apenas diferente, mas desigual. O conceito antropológico de cultura seria, segundo a autora, tão opressor quanto foi o conceito de raça: "Apesar da sua intenção antiessencialista, o conceito de cultura retém algumas das tendências de congelar a diferença inerentes ao conceito de raça" (1991, p. 144). O processo de criar um *self* em oposição a um outro encobre a violência de ignorar outras formas de diferença. Por exemplo: quando falamos das mulheres, ignoramos as diferenças de idade, raça e classe.

Essa crítica, bastante radical, já foi nuançada por outros autores e faz parte de uma tendência geral de ver o conceito de cultura como uma ferramenta importante para refletirmos sobre diversos contextos. O que queremos enfatizar é que, usado de forma indiscriminada, esse conceito pode se tornar demasiadamente aprisionador à medida que se tende a ver todos os membros de um mesmo grupo como partilhando as mesmas compreensões e a mesma VISÃO DE MUNDO. Para usar um exemplo da própria Lila Abu-Lughod, qual o sentido de se afirmar, por exemplo, que "os bongo bongo são poligíneos"? Muitas vezes falamos dos índios da Amazônia, dos brasileiros, dos nordestinos, entre outros, como se representassem uma totalidade homogênea e essa totalidade fosse explicada em termos de sua cultura. É por esse motivo que, mesmo quando se fala em unidades menores, essa tendência uniformizante deveria ser evitada.

Outros autores como Terence Turner, também antropólogo, ao discutir as implicações das reivindicações do multiculturalismo, partilham em grande medida das críticas apontadas por Abu-Lughod. No entanto, procuram escapar da paralisia a que uma crítica ao conceito de cultura, nesses termos, pode levar. Para esse autor, o risco de essencialização existe, mas, por outro lado, simplesmente dizer que cultura é um conceito opressor, que inerentemente produz desigualdades, não colabora para a eliminação das desigualdades políticas, econômicas e sociais das minorias. Turner (1994, p. 408) diz que "a antropologia e seus vários conceitos de cultura não estão orientados principalmente na direção de programas de mudança social, mobilização política ou transformação cultural". Ou seja, é preciso politizar o conceito de cultura. Para isso, a cultura não deve ser tomada de forma isolada, mas também devem ser considerados outros domínios da vida social, como a política e a economia (Kuper, 2002b).

Outro importante antropólogo, Marshall Sahlins (1997a), preocupa-se com o que ele chama de *pânico paralisante* em relação ao conceito de cultura. Sahlins analisa os vários usos que grupos sociais os mais distintos têm feito de suas culturas consideradas tradicionais, sempre as modificando e reinventado-as, mesmo nos contextos de contato mais violentos para afirmar que a cultura não seria "um 'objeto' em via de extinção". Essas observações são pertinentes para se fazer face a certas análises que consideram que, na sociedade contemporânea, a tendência da globalização, o intenso contato entre as várias culturas e as transformações daí resultantes levariam a um apagamento das diferenças e das especificidades culturais.

Podemos afirmar que, apesar das críticas que têm sido dirigidas à "cultura", é possível continuar fazendo uso desse conceito, desde que algumas questões sejam levadas em conta para operacionalizar o seu uso. A professora Claudia Fonseca sugere alguns elementos para pensarmos as diferenças culturais na atualidade, destacando três falácias sobre como o contexto contemporâneo de globalização tenderia a retirar a importância do conceito de cultura:

Quadro 6.1 – A diversidade cultural

Três falácias	A resposta antropológica
1. A GLOBALIZAÇÃO acabou com as diferenças culturais.	1. As diferenças se acentuam no CONTATO (logo, a importância de margens e entre-lugares).

(continua)

(Quadro 6.1 – conclusão)

Três falácias	A resposta antropológica
2. As diferenças significativas dizem respeito apenas a TERRITÓRIOS DISTINTOS E PESSOAS DISTANTES.	2. As ALTERIDADES começam não do outro lado do mundo, mas, antes, "à flor da pele" (CLASSE, GÊNERO, GERAÇÃO, RAÇA).
3. As diferenças culturais dizem respeito a TRAÇOS FOLCLÓRICOS, herança de uma fase "mais pura" da cultura.	3. A cultura é DINÂMICA, constitui-se de "DISCURSOS MÚLTIPLOS" em situações de INTERAÇÃO e CONFLITO.

FONTE: FONSECA, 2006.

(6.2)
Escola e diversidade cultural

É preciso, portanto, dar lugar a uma noção de cultura que comporte a pluralidade, a contradição, as trocas, a mudança, a mobilidade de suas fronteiras, bem como que esteja articulada com outras dimensões da vida social como a economia e a política.

> O desafio da escola e dos projetos educativos que orientam nossa prática está no fato de que, para compreender a cultura de um grupo ou de um indivíduo que dela faz parte, é necessário olhar a sociedade onde o grupo ou o indivíduo estão ou vivem. É aqui que as diferenças ganham sentido e expressão como realidade e definem o papel da alteridade nas relações sociais entre os homens. (Gusmão, 2003, p. 92)

Como fazer então com que a escola não seja um ambiente que apenas homogeneiza os alunos? Como valorizar a diferença sem ao mesmo tempo reificá-la?

> *Nem a igualdade absoluta, nem a diferença relativa são efetivamente adequadas para compreender e solucionar o problema da diversidade social e cultural. Nisso residem o paradoxo e o desafio de nossas práticas e proposta educativas. Nelas o que está em jogo, mais que as diferenças e a imensa diversidade que nos informa, é a alteridade – espaço permanente de enfrentamento, tensão e complementaridade. Nessa medida, a escola, mais que um espaço de socialização, torna-se um espaço de sociabilidades, ou seja, um espaço de encontros e desencontros, de buscas e de perdas, de descobertas e de encobrimentos, de vida e de negação da vida. A escola por essa perspectiva é, antes de mais nada, um espaço sociocultural. (Gusmão, 2003, p. 94)*

Nessa perspectiva, a escola não deve negar a heterogeneidade nem a condição sociocultural dos alunos para que seja capaz de praticar não apenas o ensino, mas também a aprendizagem. Fazer isso implica não reduzir as culturas que informam as realidades vividas dos sujeitos nem fugir das "problemáticas imediatas" que as envolvem:

> *É aqui que a pluralidade cultural de grupos étnicos, sociais e culturais necessita ser pensada como matéria-prima da aprendizagem, porém nunca como conteúdo de dias especiais, datas comemorativas ou momentos determinados em sala de aula. Fazer isso é "congelar" a cultura, reificá-la, transformá-la em recurso de folclorização, e como tal acentuar as diferenças. Nesse processo, rompe-se a possibilidade de comunicação e de aprendizagem para reforçar os mecanismos discriminatórios e a desigualdade, instaurando a impossibilidade da troca e dos processos de equidade entre sujeitos diferentes.* (Gusmão, 2003, p. 95-96)

Pensar a pluralidade cultural de grupos étnicos, sociais e culturais como "matéria-prima da aprendizagem": esse é um desafio que vem sendo proposto e enfrentado por alguns, mas não apenas no sentido de dentro para fora da escola, como um esforço apenas de professores e dos profissionais envolvidos na escola. Um forte movimento tem sido feito pelos próprios grupos que se percebem em relação de desvantagem no jogo desigual das culturas na forma como pudemos perceber até aqui. Por exemplo: podemos nos remeter à luta que feministas têm travado ao longo das últimas décadas para se inserirem no processo de construção do conhecimento, bem como para combater o sexismo, presente na escola de uma forma geral. Do mesmo modo, o movimento negro e representações de comunidades indígenas têm se mobilizado não apenas para garantirem direitos sociais, políticos e econômicos, mas para se perceberem representados como parte de um movimento mais geral de "políticas de identidade".

A escola e a reprodução de estereótipos

A escola tem sido percebida não apenas como uma instituição formadora de saberes escolares, mas também sociais e culturais. É por essa razão que estudiosos do campo da educação e da cultura têm evidenciado a força da cultura escolar na construção das identidades sociais: "Por essa perspectiva, a instituição escolar é vista como um espaço em que aprendemos e compartilhamos não só conteúdos e saberes escolares, mas também valores, crenças, hábitos e preconceitos raciais, de gênero, de classe e de idade" (Gomes, 2002, p. 40).

Essa demanda por reconhecimento de identidades, como temos visto, tem impactos importantes na dinâmica escolar. Nilma Lino Gomes, em um artigo chamado *Trajetórias escolares, corpo negro e cabelo crespo: reprodução de estereótipos ou ressignificação cultural* (2002), comenta como o discurso pedagógico, ao privilegiar a questão racial, não se refere a conceitos, disciplinas e saberes escolares, mas também:

> Fala sobre o negro na sua totalidade, refere-se ao seu pertencimento étnico, à sua condição socioeconômica, à sua cultura, ao seu grupo geracional, aos valores de gênero etc. Tudo isso se dá de maneira consciente e inconsciente. Muitas vezes, é por intermédio desse discurso que estereótipos e preconceitos sobre o corpo negro são reproduzidos. [...] É muito comum encontrarmos entre os/as docentes a presença de relatos que associam os cabelos rastafáris e a estética dos integrantes do movimento hip hop à sujeira e a marginalidade. No ambiente escolar, essas associações, muitas vezes, extrapolam a esfera individual e transformam-se em representações coletivas negativas sobre o negro, seu cabelo e sua estética. (Gomes, 2002, p. 49)

Essas "imagens" vêm sendo construídas há muito tempo. Pensemos, por exemplo, em noções mais arraigadas, ao longo do processo de desenvolvimento do Brasil, do negro como indolente ou bom de samba, ou da mulata como sensual, e estaremos diante do mesmo processo de reafirmação de estereótipos, em que a diferença construída num encontro desigual demarca os lugares de uns e de outros.

Certamente não é apenas em relação aos negros que a escola tem sido um espaço de construção e reprodução de estereótipos. A fala a seguir de Marcos Terena, citado por Gusmão (2003, p. 84), nos aponta para a perpetuação desses mesmos mecanismos de reafirmação de imagens negativas a respeito do "outro":

Durante muito tempo de minha vida, eu comecei a ter vergonha de mim mesmo, de minha origem, das minhas tradições, de meu povo, até de meus pais. Mas, depois eu aprendi que sem eles, eu nunca seria nada, eu nunca seria um branco, vamos dizer assim... um branco no sentido de pessoa da cidade, porque eu nasci índio Terena, e também morrerei um Terena. Então, com esses princípios, eu procurei trabalhar minha formação de código indígena. Ao mesmo tempo, eu procurei mostrar para a sociedade envolvente que o fato, por exemplo, de não estar com orelha furada, de não estar usando o beiço de pau, de não estar usando cabelo comprido, não significava que eu tinha deixado de ser índio, mas, sim, que as características de meu povo eram um princípio próprio de meu povo, e que não me identifica na minha pessoa aquela generalização que é ser um índio, uma coisa que na verdade não existe. Então eu peço que os educadores, eles contribuam com a formação do respeito mútuo desde as crianças. As crianças brasileiras, elas têm uma sede muito grande de conhecer o índio, mas muitas vezes os professores erram ao afirmar que os índios são selvagens ou são preguiçosos, criando um preconceito estabelecido no próprio aprendizado do professor, na formação do professor.

(.)

Ponto final

Neste capítulo, discutimos o conceito de cultura e seus vários usos. Verificamos que esse conceito deve ser encarado de forma mais ampla que aquela como é comumente utilizada no sentido de erudição. A cultura pode ser entendida como diferentes "visões de mundo" construídas por grupos particulares e como as formas pelas quais essa mesma cultura organiza a vida deles. Vimos também que, se usado de forma indiscriminada para descrever grupos como totalidades homogêneas, esse conceito pode ser perigoso. Por essa razão, o foco deve recair menos na diferença em si e mais no processo de construção da alteridade com a intenção de evitar a essencialização das diferenças. Verificamos também que a diversidade cultural deve ser considerada no cotidiano escolar de modo que as diferenças não sejam negadas. Mais que isso, a pluralidade cultural de grupos étnicos, sociais e culturais deve ser considerada como "matéria-prima da aprendizagem".

Indicações culturais

GOMES, N. L. Trajetórias escolares, corpo negro e cabelo crespo: reprodução de estereótipos ou ressignificação cultural? *Revista Brasileira de Educação,* São Paulo, n. 21, p. 40-51, 2002.

GUSMÃO, N. M. Os desafios da diversidade na escola. In: _____. (Org.) *Diversidade, cultura e educação*: olhares cruzados. São Paulo: Biruta, 2003. p. 88-106.

Atividades

1. Qual a pertinência e os obstáculos ao uso do conceito de cultura para se pensar o ambiente escolar?
2. Com base em que argumentos a escola pode ser considerada como um instrumento de reprodução de estereótipos a respeito de determinados grupos e indivíduos?

(7)

Classes populares,
família e educação

Maria Carolina Vecchio é psicóloga e especialista em Antropologia pela Université Lumière Lyon II (França) e mestre em Antropologia Social pela Universidade Federal do Rio Grande do Sul (UFRGS). Sua dissertação de mestrado, assim como seu trabalho como psicóloga social, volta-se para os temas da infância, da família, das relações e dos direitos humanos.

Maria Carolina Vecchio

Aproximar noções das práticas familiares e comunitárias em contextos populares é fundamental para que o trabalho em educação com essa população não se torne mais um agente de dominação simbólica, mas, ao contrário, possa servir como um mediador integrado às formas de organização desses grupos. Dentro de uma proposta educativa, o desconhecimento de uma realidade e de suas dinâmicas próprias tem como efeito nocivo a diminuição das potencialidades do grupo e de sua capacidade de criar as próprias resoluções, de forma autônoma, para seus problemas. Nosso intuito neste capítulo é o de trazer alguns subsídios para que se pense essa diversidade pelo ponto de vista das diferentes experiências de classe social. Nossa discussão sobre os contextos ditos "populares" tem como objetivo também possibilitar ao educador a percepção de que ele próprio é um agente em uma sociedade composta por um mosaico de distintas realidades sociais.

(7.1)
Classe social como categoria de análise e as contribuições trazidas pela teoria da prática e pelos historiadores da cultura

Os anos de 1970 marcaram um período de intensas mudanças no campo do pensamento das ciências sociais e humanas, motivadas principalmente por movimentos de reação ao estruturalismo dominante, pelos desdobramentos políticos pós-colonialistas, por influência marxista e pelos movimentos sociais nos Estados Unidos. Dentro do âmbito acadêmico, esses eventos suscitaram inúmeros questionamentos e culminaram, entre outras coisas, no resgate do sujeito nas análises.

No entanto, para grande parte dos autores estadunidenses da década de 1970, as influências principais eram ainda as do estudo das classes sociais por meio do marxismo estrutural e da economia política. Para eles, os fenômenos e as classes sociais deveriam ser explicados a partir de processos e mecanismos próprios às estruturas e às instituições sociais. Em contrapartida, os teóricos da prática, embora centrados nos sujeitos, davam grande importância ao sistema de classes e às estruturas sociais, que teriam grande poder ou até mesmo dariam forma aos eventos, como nos diz a antropóloga Sherry Ortner (1994, p. 39):

> *O interesse pelo estudo da ação e interação é assim não um meio de negar ou minimizar este ponto (as estruturas sociais), mas expressa uma urgente necessidade de compreender de onde o sistema vem – como é produzido e reproduzido (nas práticas), e como pode ter mudado no passado e poderá mudar no futuro.*

Outro aspecto que distingue aqueles então novos teóricos da prática é a sua influência marxista, que pode ser verificada, principalmente, na importância dada às relações de dominação dentro do sistema. As relações assimétricas de poder passam a ser consideradas como principal responsável pelos processos de "conformação de qualquer sistema em qualquer tempo". Portanto, a abordagem orientada pela prática, conforme apresentado por Sherry Ortner, identifica a assimetria social – inerente às relações de classe – como uma dimensão importante, que envolve tanto a estrutura como a ação cotidiana.

Os estudos voltados então para a prática dos sujeitos, situados dentro de seu contexto social e de classe, possibilitam aos estudiosos da cultura o desvelamento da heterogeneidade e a resistência simbólica presentes nas culturas de classes subalternas, até então vistas como "uma massa homogênea". Essa percepção estanque sobre as classes sociais, sobretudo a ideia disseminada até então das classes populares em termos de uma "massa cultural homogênea", estaria ancorada no que Grignon e Passeron (1992) chamaram de uma tendência *dominocêntrica*, ou seja, centrada na cultura dominante – cultura dos próprios pesquisadores que não reconheceriam a multiplicidade que está fora de seu campo de visão e experiência.

A ideia de uma "classe dominante" e uma "classe dominada" se torna alvo de críticas por parte dos historiadores da cultura quando estes passam a estudar, nas práticas cotidianas dos grupos subalternos, os processos de resistência e subversão com relação aos valores sociais hegemônicos. Eles percebem que não há uma submissão total dos grupos populares, mas, sim, o uso de táticas e estratégias de subversão das regras dominantes. No entanto, ainda que as classes sociais interajam entre si e que as classes subalternas tenham algum poder de resistência e subversão às regras hegemônicas, não podemos falar em uma continuidade entre elas, visto que, na prática, elas se encontram hierarquicamente dispostas em nossa sociedade.

Fonseca e Brites (2006) tratam justamente da importância de se reconhecer as fronteiras culturais que são produzidas pelas diferentes experiências de classe. Segundo as autoras, trata-se de distintas condições de acesso e de possibilidades sociais, assim como de referenciais simbólicos diversos que determinam diferentes experiências de vida.

O perigo está em se avaliar as diferenças entre as classes em termos de grau, ou seja, daquilo que é "dominante, superior, certo, normal" ou "dominado, inferior, errado, degenerado" e não em termos de diversidade legítima. Sobre o perigo de se tomar as culturas populares em termos de suas carências com relação à cultura dominante, as autoras afirmam que:

> "Hipossuficiência cultural" assim como "carência" afetiva, moral e cultural constam entre as acusações aplicadas [...] a

pobres urbanos. Diante desse quadro, ousar falar de "cultura" entre os variados grupos de baixa renda serve como contrapeso a estereótipos que tenderiam a reduzir essa parte da população a um nível pré-cultural de existência. (Fonseca; Brites, 2006, p. 16)

Trata-se da legitimação das práticas de grupos que até então eram frequentemente vistos como "inferiores", "degenerados" ou menos evoluídos, e isso sem que precisemos englobá-las dentro dos parâmetros de cultura hegemônicos.

(7.2)
Como definir o popular?

Tomando pro pressuposto o que foi exposto, temos uma diversidade de culturas populares as quais estão em maior ou menor grau em desacordo com as regras e os padrões de cultura hegemônica, embora permaneçam em constante relação entre si. É nesse sentido que falamos aqui em culturas populares ou em grupos populares no plural.

O "popular" na história das culturas

Os estudos em história cultural anteriormente citados foram empreendidos, sobretudo na Europa, a partir da segunda metade do século passado e refletem uma preocupação crescente por parte desses acadêmicos com os elementos socioculturais e processos históricos que não eram contemplados nas histórias oficiais dos seus países. Assim, as culturas populares emergem do silêncio histórico existente por detrás da história oficial e se definem em oposição a esta. Esse caráter de oposição das culturas populares com relação às culturas hegemônicas ditadas pelas histórias oficiais é, desde já, um primeiro aspecto da tentativa de definição sobre o "popular" na cultura.

Nesse sentido, com base estudos empreendidos pelo historiador Peter Burke, o popular é percebido como pulverizado tanto no campo quanto na cidade. A essa diversidade de "culturas populares" ele irá denominar *subculturas*. Estas pertenceriam a um mesmo arcabouço cultural, em processo contínuo de combinações e rearranjos, marcados pelos diferentes contextos – aspectos ecológicos e socioeconômicos – e pela relação entre as subculturas e as culturas da elite. Haveria, portanto, "um tráfego de mão dupla" (Burke, 1989) ou uma circularidade entre os elementos das culturas populares, e entre estas e as culturas eruditas.

Outro grande estudo realizado sobre o "popular" na história das culturas foi o de Mikhail Bakhtin (1987). Bakhtin, assim como também Michel de Certeau (1994), irá localizar o "popular" nas ações e nas práticas que se contrapunham à cultura oficial e não focalizar um grupo social específico. Para de Certeau e Dominique (1989), o popular está nas práticas, nas ações que subvertem e fogem às normas vigentes, sendo parte da própria estrutura social. Nesse sentido, a cultura popular pode estar em qualquer lugar da sociedade, visto que se refere antes às ações humanas do que aos grupos sociais específicos. A existência de uma "cultura popular" seria, segundo o historiador, a própria possibilidade de se fazer frente às formas de poder instituídas através da reapropriação e uso estratégico dos conteúdos da cultura hegemônica.

O popular, nesse sentido, adquire um caráter de subversão e oposição à cultura oficial e hegemônica. Isso não significa que seja revolucionário no sentido de romper com tudo o que é vigente e propor algo completamente novo (Vecchio,

2007). Todo o ato que tenciona a ordem contém em si aspectos normativos e revolucionários ao mesmo tempo. Assim, a não passividade está justamente nesse aspecto de criar uma tensão quando se poderia supor uma simples obediência à norma. Diferentes referenciais culturais possibilitam usos diversos dos conteúdos simbólicos que circulam entre os grupos e que serão apropriados e utilizados conforme os diferentes interesses em jogo. Os significados e as intencionalidades das práticas populares não podem, portanto, ser deduzidas dos significados e intencionalidades amplamente disseminados pelos discursos oficiais.

(7.3)
A periferia urbana como o espaço do "popular"

A ideologia urbana moderna – com seus valores progressistas e higienistas – passa a vigorar no Brasil mais intensamente a partir do início do século XX, recebendo influências diretas das reformas urbanísticas europeias. Tratar-se-á, por um lado, da concentração de segmentos da população com maior poder político e econômico, identificados com os valores da modernidade, nas regiões centrais e mais valorizadas da cidade. Por outro, como decorrência, temos a expulsão para as periferias ainda intocadas pelo desenvolvimento urbano das populações que destoavam dos ideais modernos, conhecidos como tendo um estilo tradicional ou popular de viver (Monteiro, 1995).

A cidade, enquanto cenário e arena de disputas políticas e ideológicas, tornou-se lócus potencial para o controle dos hábitos e dos comportamentos dos cidadãos. Se a conjuntura político-econômica progressista ansiava por transformações estruturais para que pudesse se desenvolver, era preciso também que se transformassem as formas tradicionais de organização e planejamento dos espaços e dos comportamentos sociais. Assim, a política de remodelação urbana inaugurou uma nova fase no âmbito das sociabilidades públicas, através da eleição dos modos e dos espaços apropriados à vida social nas cidades, eliminando tudo o que simbolizasse o atraso.

Assistimos, dessa forma, ao incremento e ao domínio do território central por parte das elites e de seus interesses. O centro, núcleo nevrálgico da cidade, torna-se estranho e inacessível às camadas menos favorecidas que assistem à demolição de seus antigos espaços de socialização, bem como são forçadas, através de mecanismos administrativos de sobretaxação fiscal, a se retirarem daquela região.

Para legitimar as reformas urbanas em curso e assegurar o desenvolvimento econômico e o controle político e social da cidade, as elites no poder travam uma luta sem trégua contra os hábitos ditos "populares" das camadas menos favorecidas. Ao cidadão comum restam apenas duas alternativas: adequar-se ao padrão de vida burguês, usufruindo livremente do centro e das vantagens trazidas pela modernização da cidade – o que antes era financeiramente inviável para a maioria da população – ou lançar-se em busca de novas paragens, afastando-se gradativamente das regiões centrais. Pressionadas, as classes desfavorecidas acabarão por migrar para as periferias, levando consigo os hábitos e os costumes que compunham as sociabilidades urbanas de até então.

Dessa forma, percebemos que aquela parcela da população identificada com o "popular" foi expelida dos modestos e superlotados cortiços, os quais iam sendo demolidos e substituídos por obras grandiosas e edificações modernas. O empreendimento urbano teve como consequência, portanto, não a erradicação, mas a expulsão para as periferias daquilo que era identificado como influência negativa à cidade e à retidão moral do novo cidadão.

A segregação urbana e social

Embora pressionados, hábitos e práticas não hegemônicos ou "populares" não se extinguem nem se convertem, mas se deslocam e sub-repticiamente encontram nas periferias e na ilegalidade dos submundos urbanos novos territórios de expressão (Vecchio, 2007).

A política de urbanização das cidades permitia um maior controle sobre a vida pública dos cidadãos; no entanto, ela exercia pouco ou nenhum controle sobre os espaços periféricos ainda pouco tocados por ela. Nesse ponto, se, por um lado, temos uma resistência histórica do poder público em investir seu apertado orçamento em obras para a melhoria das regiões fora do perímetro urbano, por outro, há uma necessidade crescente de adentrar tais espaços para melhor controlá-los.

O percurso do desenvolvimento urbano forjou na cidade diversificadas apreensões e experiências de mundo para diferentes segmentos sociais. Aspectos ideológicos determinaram essa cisão urbana, o que culminou em uma separação ainda mais marcada das experiências de classe. Essas cisões no tecido social produziram marcas, limites que, se, por um lado, têm historicamente impedido uma parcela da população de obter melhores condições de vida e benefícios da modernidade urbana, por outro, são também indicativos de um espaço de alteridade na cidade.

As periferias urbanas hoje

Atualmente, muitas das periferias urbanas viraram grandes centros populacionais que gravitam em torno de seus próprios núcleos produtivos e, muito embora elas certamente não estejam de modo algum desconectadas do resto, poderíamos falar que são como cidades dentro de cidades. Entender os mecanismos que impulsionaram a conformação urbana atual pode nos ajudar a não subestimar a força e a densidade histórica desse processo de segregação socioespacial, o qual se atualiza cotidianamente não apenas no nível das grandes cidades como também nessas outras cidades, invisíveis, que ela contém (Vecchio, 2007).

A diversidade, a discriminação e os antagonismos não são privilégios das relações entre "ricos" e "pobres", ou entre o "centro" e a "periferia". A heterogeneidade social e econômica também se verifica dentro das periferias e aparece, por exemplo, na diversidade das moradias que ali se avizinham e nas diferentes configurações de pobreza e prosperidade que são materializadas nas construções das residências e que podem ser encontradas lado a lado. No entanto, a organização do espaço define certos limites internos; podemos dizer, de uma maneira geral, que as melhores casas, as de alvenaria, estão localizadas mais próximas das ruas de asfalto e/ou do comércio local. Já os barracos e as residências mais simples situam-se dentro de bolsões de miséria ou "favelinhas", incrustados por entre as grandes ruas. O acesso a eles se dá de forma irregular pelos becos e ruelas estreitas que desembocam nas ruas principais e que podem, muito facilmente, passarem despercebidos ao recém-chegado.

(7.4)

Sobre as políticas públicas para a infância "pobre": creches comunitárias – de direito universal a privilégio de poucos

O acesso universal a creches públicas é um direito assegurado pelo Estatuto da Criança e do Adolescente (ECA)[a] desde a sua criação, em 1990. No entanto, na prática, a sociedade brasileira nunca alcançou a efetivação total dessa política e desse direito, ainda que, sem dúvida, tenha avançado em muitos pontos. É possível observar nos bairros menos favorecidos, sobretudo nos ambientes urbanos, uma situação em que a demanda supera em grande medida o número de vagas e de recursos disponíveis para o atendimento dessas crianças. Com muita frequência, o orçamento público destinado à implementação desse direito não é o suficiente para, sozinho, torná-lo uma realidade, e o que temos é cada vez mais uma junção entre poder público e organizações não-governamentais (seja na forma de instituições religiosas, seja de associações comunitárias, seja da iniciativa privada).

Em uma creche da rede municipal de Porto Alegre, por exemplo, os pais são "convidados" pela direção da instituição a contribuir com as despesas da creche através da doação de produtos de uso diário (tais como fraldas, papel higiênico, pasta de dente etc.). No entanto,

---

a. ECA, art. 54, inciso IV: "É dever do Estado assegurar à criança de zero a seis anos o atendimento em creches e pré-escolas".

a coordenação admite que essa não é uma prática permitida pela Secretaria Municipal de Educação (Vecchio, 2007).

O modelo de política para a infância que tem sido implementado no Brasil segue, em grande medida, a orientação de organizações internacionais de apoio à infância para os países em desenvolvimento. Essas políticas, centradas na importância de se assegurar o desenvolvimento saudável nos primeiros anos de vida da criança, orientam países que não possuem ainda recursos suficientes para implementar a universalização do acesso a creches um tipo de política "com baixo investimento público".

Esse modelo tem sido proposto pelos organismos internacionais e visa estimular o aproveitamento dos recursos locais, como a capacidade de organização, a força de trabalho e os equipamentos já existentes nas comunidades.

Fulvia Rosemberg (2002, p. 25-63), no entanto, faz uma consideração a respeito dessas orientações provenientes dos países desenvolvidos, argumentando sobre o risco de que essas políticas de "baixo investimento público" acabem por estimular uma universalização a "qualquer custo". Ela nos chama a atenção em seu estudo para o fato de que, enquanto nas camadas médias e altas a preocupação nos jardins de infância privados volta-se prioritariamente para as atividades educativas, com profissionais graduados, espaço físico e material pedagógico de qualidade, as crianças provenientes das camadas menos favorecidas teriam acesso a políticas de educação no estilo de creches comunitárias, com profissionais com pouca qualificação e baixo investimento público.

Isso demonstra que, embora o ECA tenha de fato impulsionado o avanço das políticas em educação infantil para os espaços de mais baixa renda, ele não conseguiu eliminar as diferenças sociais que fazem com que, na prática, embora universais, o acesso às creches mantenha-se em desigualdade em termos da qualidade dos serviços prestados.

(7.5)
A infância e a família em um contexto de grupo popular: a flexibilidade dos arranjos familiares – o exemplo de um bairro de periferia de Porto Alegre

Em um estudo sobre noções e práticas de proteção à infância entre famílias de baixa renda, a antropóloga Maria Carolina Vecchio (2007) nos chama a atenção para as dinâmicas familiares que sustentam a vida em um contexto de significativa escassez de recursos. Segundo demonstrou a pesquisadora, os arranjos familiares incluem processos de soma, diminuição e multiplicação de parentes de forma muito mais dinâmica do que entre as classes mais abastadas. Nesse sentido, a autora argumenta que não seria possível compreender a organização familiar nesse contexto em termos estanques ou definitivos, mas somente numa perspectiva de arranjos mais ou menos estáveis entre indivíduos ligados por laços de consanguinidade e por relações de reciprocidade.

Uma das práticas observadas nessas famílias, e que foi amplamente estudada pela antropóloga Claudia Fonseca (1995), é a da "circulação de crianças"; ou seja, quando um dos filhos vai morar com algum parente ou alguém próximo da família como forma de resolver momentaneamente uma crise familiar (seja ela financeira ou mesmo de incompatibilidade entre membros do grupo). Embora essa prática seja muito comum nesses contextos, não é raro causar estranhamento a um profissional "desavisado" e originário de outros contextos sociais o fato de a criança transitar por diferentes moradias.

Esse exemplo nos chama a atenção para o fato de que, quando não há uma percepção acerca do sentido que práticas como essa têm no contexto em que acontecem, elas podem ser interpretadas erroneamente como um tipo de "abandono" ou "negligência" por parte da família.

Algo semelhante acontece quando uma mãe, "chefe de família", não conta com um apoio consistente da rede familiar; não obstante sua situação financeira precária, prefere viver na instabilidade dos trabalhos temporários (a maioria domésticos) em vez de aceitar algum emprego fixo, visto que este lhe tiraria a autonomia e o tempo necessários para os cuidados com os filhos e a casa.

Assim, em seu estudo, Vecchio (2007) verificou que o apoio das redes familiares (especialmente as redes fraternas), a opção por empregos temporários, a procura por um novo marido ou a opção pelo não recasamento podem ser percebidos conforme a situação, como formas de se agenciar a manutenção e a proteção do grupo familiar – e consequentemente das crianças.

As famílias de grupos populares tendem a adquirir uma maior flexibilidade nas relações quando em contato com as instabilidades cotidianas são justamente as famílias flexíveis aquelas que conseguem de forma mais eficaz dar conta das instabilidades cotidianas na medida em que desenvolvem táticas e estratégias constantes para a manutenção do grupo. Ao contrário, as famílias que se mantiverem por muito tempo fechadas, longe das práticas de reciprocidade, quando apanhadas por uma crise, terão mais dificuldades para se reerguer.

Nesse sentido, poderíamos imaginar que modelos familiares flexíveis adaptar-se-iam melhor aos contextos de grande instabilidade, em um movimento orgânico. Em se tratando de famílias como as descritas nesse estudo, a plasticidade familiar ou sua capacidade de preencher os hiatos provocados pelas frequentes rupturas e instabilidades serão fator de suma importância. Segundo afirmou Cynthia Sarti (1996), em um contexto de instabilidade econômica e social, a própria possibilidade de existência da "família" dependerá da sua capacidade de desencadear uma série de arranjos e rearranjos que envolverão a participação ativa do grupo familiar como um todo. Essa seria justamente a sua força.

Nessas novas configurações surgem outros atores e novos papéis familiares que podem ser demandados temporariamente: tios se tornam pais, a casa da avó se torna o novo lar da família, os filhos mais velhos passam a ser provedores ou podem ter de ajudar na casa para que a mãe assuma o papel de "chefe de família". Novos e complementares arranjos são demandados daqueles que permanecem nos limites de um grupo familiar ou nas fronteiras entre um e outro grupo. Essas trocas denotam também o estabelecimento de novas relações de poder no seio da família.

A capacidade de agenciar soluções dentro das instabilidades cotidianas

Um outro dado que chama a atenção nesse estudo é que algumas mulheres provenientes de famílias que permaneceram relativamente com a mesma configuração por muitos anos (e/ou em que existia estabilidade financeira – normalmente, quando o provedor era funcionário público) tiveram dificuldade para seguir esse modelo em suas próprias vidas na ausência da figura de um provedor. Quando se viam sozinhas, por separação ou morte do provedor principal, elas encontravam muita dificuldade para sair das crises. Um dos motivos seria o fato de que essas mulheres criadas dentro de um modelo de família centrado no provedor não tiveram a necessidade de trabalhar desde cedo e não desenvolveram, portanto, muitos dos atributos necessários para "se virar" em contextos de grande escassez. Soma-se a isso o fato de que a estabilidade vivida em tempos anteriores pode ter-lhes afastado das redes de reciprocidade (Vecchio, 2007).

Notamos ainda nesse estudo que o grau de escolaridade não foi determinante para uma melhor situação, visto que as filhas das famílias mais "estáveis" tinham maior escolaridade que suas colegas das "famílias flexíveis" e acabaram dependendo de recursos assistenciais do Estado. É possível que o maior nível de educação tenha contribuído para a busca por programas de ajuda social, seja porque essas mulheres detinham maior consciência dos seus direitos, seja porque tinham maior facilidade em acessar os programas e de lidar com as burocracias que há neles. Em todo o caso, embora com mais anos de estudos, elas acabavam realizando os mesmos tipos de atividades que suas vizinhas "sem estudo", como, por exemplo, trabalhar como empregada doméstica.

Em sua análise, Vecchio (2007) aponta ainda para a existência de um grande receio com relação aos fatores desencadeadores das rupturas conjugais (como os conflitos entre padrastos e enteados ou o aparecimento de uma terceira pessoa entre o casal), ou ainda que sejam de alguma forma desestabilizadores do grupo familiar (como as instabilidades financeiras, as ausências da mãe para trabalhar fora etc.). Além disso, a autora aponta também para os perigos da violência, da dependência e do uso de drogas, das "más companhias" e da sexualidade precoce; esses elementos que estão presentes nos discursos dos pais podem incidir sobre as crianças, caso não se consiga impor limites adequados.

Tais eventos, ainda segundo Vecchio (2007), rompem com as reciprocidades do grupo, causam rupturas, desestabilizam a ordem familiar e dispersam os já poucos recursos em prol de uma possível reordenação (seja como consequência da dependência química, seja como efeito da separação conjugal e da perda de importantes fontes de recursos, financeiros ou afetivos). Isso sugere que há uma noção de que aquilo que acontece a um integrante da rede, de modo positivo ou negativo, irá ressoar sobre toda a rede.

Podemos, portanto, ressaltar dois aspectos importantes para a manutenção familiar em contextos de baixo poder aquisitivo: as redes de ajuda mútua (sobretudo as rede fraternas) e a capacidade de agenciar soluções dentro das instabilidades cotidianas.

A criança como parte do grupo familiar

Uma educação centrada exclusivamente no bem-estar da criança (e que não leve em consideração as adversidades cotidianas enfrentadas pela família e as relações que sustentam essas dinâmicas familiares) pode acabar deslegitimando uma importante autoridade familiar quando, por exemplo, se desconfia da capacidade das mães como cuidadoras.

As instabilidades econômicas e seus efeitos de precarização da vida familiar de muitas das mães entrevistadas nesse estudo pareciam muitas vezes acabar recaindo sobre elas quando, por exemplo, alguns profissionais (educadores, psicólogos, assistentes sociais) qualificavam essas mães como "negligentes" ou consideravam suas práticas como "inadequadas" sem ao menos conhecer a realidade dessas famílias para além dos limites institucionais. Ou seja, as vítimas se tornavam culpadas por serem vítimas, sobretudo se considerarmos que as políticas estão basicamente preocupadas com o bem-estar da criança e, por vezes, podem acabar por desconsiderar a complexidade das situações em que vivem essas famílias. É preciso levar em consideração, por exemplo, os aspectos estruturais da pobreza que incidem de forma determinante sobre as relações familiares. Conforme afirmou Cynthia Sarti (1996), as instabilidades econômicas levam mais frequentemente a rupturas conjugais, e as famílias chefiadas por mulheres tendem a ter menos possibilidade de inserção no mercado de trabalho. Assim, as mulheres sozinhas tendem a ser mais pobres e sua pobreza as leva a permanecerem mais sós, em um ciclo vicioso de precarização e de restrições na tentativa de superação da pobreza.

A percepção da criança como parte do grupo familiar entre certos segmentos populares e não como o seu centro corresponde à ideia de que o bem da criança não está acima do bem do grupo, mas que depende diretamente da manutenção deste. Nesse sentido, ela tenderá a participar desde cedo das relações de reciprocidade que sustentam o grupo de acordo com as diferentes demandas e conjunturas familiares. As práticas que levam a um tipo de infância "encurtada" e a consciência da participação ativa das crianças entre os grupos populares (evidente na preocupação com o "pôr limites") contrastam com a noção de infância alongada no tempo e alheia aos assuntos dos adultos, comum entre as camadas média e alta, conforme já nos apontava o historiador Philippe Ariès (1981) – outras referências sobre essa questão são Kowarick (2000) e Monteiro (1995). A tendência moderna de deixar o adolescente alheio às atividades produtivas da família aparece então bastante deslocada em certos contextos populares – uma lacuna até "perigosa", conforme argumentou um entrevistado: "Afinal, cabeça vazia, oficina do diabo".

(.)

Ponto final

Neste capítulo, a partir do debate sobre classes populares e o popular, discutimos a importância de atentarmos para os contextos nos quais determinadas construções sociais se estabelecem.

Buscamos analisar como esses contextos se constroem e interferem nas práticas de educação e proteção à infância. Percebemos aspectos importantes para a manutenção familiar em contextos de baixo poder aquisitivo: as redes de ajuda mútua (sobretudo as redes fraternas) e a capacidade de agenciar soluções dentro das instabilidades cotidianas.

Vimos como as relações familiares são vistas como uma peça-chave e como precisam ser mantidas para o bem do grupo e consequentemente da criança. É nessa tensão, entre um fechar-se aos perigos das rupturas familiares e um abrir-se às novas redes de apoio, que se sustenta a vida dos sujeitos cujos exemplos abordamos.

Nesse sentido, é necessário que os vários profissionais que atuam com essas populações, como educadores, psicólogos e assistentes sociais estejam atentos para não qualificarem, por exemplo, as mães de "negligentes" ou considerarem suas práticas como "inadequadas" sem conhecer a realidade dessas famílias para além dos limites institucionais.

Indicações culturais

FONSECA, C. *Família, fofoca e honra*: etnografia de relações de gênero e violência em grupos populares. Porto Alegre: Ed. da UFRGS, 2000.

VECCHIO, M. C. *Um estudo sobre noções e práticas de proteção à infância entre moradores de uma vila popular de Porto Alegre*. Dissertação (Mestrado em Antropologia Social) – Universidade Federal do Rio Grande do Sul, Porto Alegre, 2007.

Atividades

1. É possível definir cultura "popular"? Como você a definiria?
2. Como as crianças se inserem nas dinâmicas das famílias em contextos populares?

(8)

Movimentos sociais e a questão
da infância no Brasil

O Estatuto da Criança e do Adolescente (ECA), promulgado em 1990, é resultado de intensos debates ocorridos na sociedade civil da época, envolvendo um grande número de militantes, políticos e cidadãos preocupados com a questão da proteção à infância. O ECA trouxe importantes mudanças no campo intelectual e jurídico da sociedade brasileira, entre outras, ao garantir a igualdade de direitos de todas as crianças sem distinção de classe, sexo ou raça. Por outro lado, embora tenhamos avançado politicamente a partir da criação desse estatuto, existem ainda diversos obstáculos à sua efetivação, já que essas mudanças na legislação não foram acompanhadas de alterações sociais significativas que dessem o suporte necessário à sua implementação. Na prática, as desigualdades sociais de um país como o Brasil tornaram a realização, para todas as crianças, dos direitos "à vida, à saúde, à alimentação, à educação, ao esporte, ao lazer, à profissionalização, à cultura, à dignidade, ao respeito, à liberdade e a convivência familiar e comunitária"[a] um empreendimento de enormes proporções.

Propomos um percurso sobre os movimentos sociais e os contextos políticos que culminaram na criação dessa legislação, possibilitando assim um entendimento sobre os avanços significativos trazidos pelo ECA, bem como os obstáculos históricos que ele ainda deverá superar na prática. Iniciaremos com um retroceder histórico que situará o momento em que a infância passou a ser considerada como uma fase separada da fase adulta – período de surgimento também das escolas – e em seguida veremos como essa ideia surgida inicialmente na Europa foi assimilada no Brasil.

(8.1)
O surgimento da moderna noção de infância, família nuclear e escola: a separação entre a infância e a idade adulta

Seguindo o percurso trilhado pelo historiador Philippe Ariès (1981), em seu livro *História social da criança e da família*, aprendemos que a moderna concepção de infância e de família é fruto de contextos políticos e sociais muito específicos.

---

a. Art. 4º do Estatuto da Criança e do Adolescente (Das Disposições Preliminares).

Sua obra trata do processo histórico europeu que possibilitou o surgimento da ideia de infância como uma fase distinta das demais. Essa concepção a respeito de um período especial da vida se universalizou e desde o início do século passado passou a fazer parte também das mentalidades brasileiras, primeiramente entre as elites e, em seguida, disseminando-se por praticamente toda a nação. É por isso que estudar esse processo iniciado na Europa nos permite visualizar as bases sobre as quais repousam nossas próprias concepções a respeito de infância, família e escola.

Segundo Ariès, o sentimento de infância, conforme o concebemos no Ocidente, é um fenômeno que remonta ao século XIII na Europa. Até esse período, existira certa indiferença por parte dos adultos com relação a essa fase da vida. Conforme as palavras do autor: "no domínio da vida real, [...] a infância era um período de transição, logo ultrapassado e cuja lembrança também era logo perdida" (Ariès, 1981, p. 52).

A partir do século XVII, tem início uma mudança substancial na maneira de conceber a infância. Tal mudança, que atingirá também a noção de família, teria sido fruto do movimento de moralização de uma pequena elite ligada à Igreja, às leis e ao Estado. Nesse processo de moralização da sociedade, há a "retirada" das crianças do mundo dos adultos e a sua inserção definitiva nas escolas, que substituirão o estilo de aprendizagem e de socialização perante os adultos pela educação a distância (Ariès, 1981, p. 11): "A despeito de muitas reticências e retardamentos, a criança foi separada dos adultos e mantida a distância numa espécie de quarentena, antes de ser solta no mundo. Essa quarentena foi a escola, o colégio" (Ariès, 1981, p. 11).

A rua passa a denotar um espaço perigoso e inadequado para o período da infância, e a criança deve então ser separada e protegida contra a sua influência. Podemos notar que essa separação ou tendência ao "enclausuramento" corresponde a um tipo específico de racionalização (que se estende até os nossos dias), que atinge também "os loucos, os pobres e as prostitutas" (Ariès, 1981, p. 11). Podemos supor com isso que a noção de "enclausuramento" da infância como medida protetiva tenha justamente sua origem nessa racionalidade de separação dos espaços que passam a ser considerados como adequados ou não a essa etapa da vida.

A consolidação da família nuclear

Outro processo social importante que influenciou a emergência de uma fase específica denominada *infância* se deu a partir das reformas dos moralistas ligadas a setores da igreja. Trata-se da atribuição de um novo estatuto à família: "[esta] tornou-se o lugar de uma afeição necessária entre os cônjuges e entre pais e filhos" (Ariès, 1981, p. 11), algo inédito até então. Não que não houvesse sentimentos de afeto entre os familiares – tanto melhor se existissem, argumenta o autor – porém a sua ausência não era percebida como um problema. Assim, é notada uma mudança nos modos de conceber a família, que passa a se organizar em torno da proteção dos filhos e de sua educação. "A partir do século XVII, [...] um movimento visceral destruiria as antigas relações entre senhores e criados, grandes e pequenos, amigos ou clientes. Em toda a parte ele reforçaria a intimidade da vida privada em detrimento das relações de vizinhança, de amizades ou de tradições" (Ariès, 1981, p. 274). Isso significa que as misturas sociais começaram a ser percebidas como ameaçadoras, e a criança deve então ser PROTEGIDA dentro do núcleo familiar.

A escola e as diferenças entre a infância popular e burguesa

A noção de classe social, segundo Ariès (1981), também surgiria nesse momento histórico, visto que, na sua origem, a escola era frequentada apenas por aqueles que tinham melhores condições econômicas. Além disso, mesmo quando a população economicamente menos favorecida passou a frequentar as classes escolares, somente podiam levar adiante seus estudos aqueles que tivessem condições financeiras para tanto. Assim, a partir do século XVIII, ocorreu a substituição da escola única por um sistema duplo de ensino dirigido, por um lado, àqueles em condições financeiras para levarem adiante seus estudos (os burgueses) e, por outro, aos sem condições, ou seja, "o povo". Conforme afirmou Ariès, os "homens do Iluminismo" propuseram "limitar a uma única classe social o privilégio do ensino longo e clássico, e condenar o povo a um ensino inferior, exclusivamente prático". Assim, o ensino superior ou o secundário passa a ser privilégio de poucos.

Os burgueses foram também os que primeiramente diferenciaram a fase infantil da fase da adolescência em vista do prolongamento do período que antecede à entrada no mundo do trabalho, período que passou então a ser preenchido com os estudos. Por outro lado, as crianças das classes populares não sofreram essa mesma influência da escola e se mantiveram ainda por um longo período de tempo muito próximas ao modo de vida a que estavam habituadas, permanecendo misturadas aos adultos. Isso se deu em função da manutenção de seus costumes com relação à passagem precoce do mundo infantil ao mundo adulto, abandonando os estudos tão logo estivessem prontos ao trabalho. Assim, o "perigo" da mistura social parece não vigorar nessa parcela da população da mesma maneira que entre os setores da elite.

Temos, então, por um lado, a concepção burguesa de infância – alongada no tempo e intrinsecamente ligada à escola e às fases escolares – e, por outro, a infância do povo, que não pode se dar a esse luxo e que terá seus estudos direcionados para um rápido ingresso no mundo do trabalho.

A concepção moderna e ocidental de infância apresentada anteriormente parece trazer no seu próprio cerne a cisão entre uma infância burguesa "modelo" (filha da família "burguesa" modelo) e as outras infâncias pobres. Essas diferentes noções de infância serão importantes para nossas análises com relação aos movimentos sociais pela infância no Brasil, visto que eles estiveram preocupados principalmente com o problema das crianças pobres e abandonadas.

(8.2)

A infância "pobre" no Brasil e a história da luta pelo direito à infância

O processo de configuração social discutido por Ariès relacionado a algumas sociedades europeias pode ser tomado como parâmetro para as representações de infância que passaram a vigorar no imaginário brasileiro a partir das influências recebidas desses povos. Poderíamos ressaltar aqui duas características que decorrem dessa ideia moderna de infância: a sua separação da fase adulta e a existência de dois tipos, uma "bem-nascida" e outra oriunda das camadas menos favorecidas da população.

No entanto, conforme ressaltou a antropóloga Claudia Fonseca (2000), é preciso resguardar as enormes diferenças entre os processos de desenvolvimento das camadas "populares" na Europa e no Brasil no que concerne à sua distância das culturas da "elite". Segundo essa autora, o Estado de Providência Europeu reduziu a pobreza a uma parcela mínima da população, diminuindo consideravelmente as desigualdades sociais. No Brasil a situação é outra. O país encontra-se situado entre os campeões mundiais em termos de má distribuição de suas riquezas. Em consequência disso "se apresenta como um caso extremo da sociedade de classes" (Fonseca, 2000, p. 214). Assim, o desenvolvimento da concepção moderna de infância no Brasil irá apresentar características bastante específicas, conforme veremos a seguir.

A especificidade da concepção moderna de infância no Brasil: a infância como um "problema" social

A história da luta pelo direito à infância no Brasil confunde-se com a história dos movimentos sociais voltados para as crianças provenientes dos contextos mais empobrecidos da sociedade.

A antropóloga Rosilene Alvim (1995), em seu artigo sobre a construção da infância nas classes populares no Brasil, mostra como diferentes agentes sociais com diferentes interesses incidem política e juridicamente sobre a "infância pobre", constituindo-a já no início do século XX como um problema social. É o surgimento da categoria do MENOR. Sobre esse termo, o sociólogo Sérgio Adorno (1993) faz a seguinte consideração:

> *Trata-se da criança cuja existência social e pessoal é reduzida à condição de menoridade, passível, por conseguinte, da intervenção "saneadora" das instituições policiais de repressão e*

das instituições de assistência e reparação social. [...] Seu emprego generalizou-se para designar um tipo específico de criança, aquela procedente das classes populares, em situação de miséria absoluta, expulsa da escola desde tenra idade, que faz da rua seu habitat *privilegiado de reprodução cotidiana e imediata de sua existência.*

Notamos que determinada concepção de infância será assimilada como parâmetro de normalidade, e a "infância pobre" torna-se um "desvio", um "problema" a ser combatido, figurando-se em tema permanente das agendas políticas do país a partir de então. Mas em que consiste exatamente esse problema? O que deve ser combatido?

Segundo Alvim e Valladares, a existência de crianças expostas aos perigos da rua e a sua vinculação direta com o contexto de pobreza de muitas famílias brasileiras é uma realidade que preocupa filantropos, juízes, policiais e cidadãos em geral desde o início do século passado, ganhando expressão na mídia e nos debates políticos da época. A rua era percebida, conforme argumentou, como um espaço perigoso, que induziria ao crime e à marginalidade. Nesse sentido, era dever da família moderna brasileira – seguindo os passos da família burguesa europeia – proteger suas crianças. Os debates públicos subsequentes buscavam assim soluções para os casos em que a família não tinha condições de executar seu papel protetivo, ou seja, o de garantir o enclausuramento da infância (Alvim; Valladares, 1988).

A fábrica, por oposição à rua, se colocará como alternativa para as crianças pobres – que naquela época ainda não tinham acesso à escola – pois proporcionava, em substituição à família, proteção contra os perigos da rua e da "vagabundagem". O trabalho infantil parece se configurar então como a melhor alternativa para o problema da criança de rua até a elaboração do Código de Menores, em 1927. É somente a partir desse novo código que irão surgir as primeiras pressões, senão contrárias ao trabalho infantil, pelo menos contra os seus abusos. Esse código, que constrói juridicamente o menor trabalhador, regulamentou e restringiu essa prática, atingindo fortemente os interesses dos industriais que na época serviam-se amplamente dessa força de trabalho. Entre as restrições colocadas pelo Código de Menores, havia a estipulação da idade mínima para 14 anos, a redução da jornada de trabalho para 6 horas/dia e a proibição do trabalho noturno. Além disso, o trabalho não poderia interferir na frequência escolar (Alvim, 1995).

Instaura-se na época, de forma ainda incipiente, um debate político-ideológico que perdura até os dias de hoje. Trata-se da oposição entre as percepções do trabalho infantil como uma atividade, por um lado, "protetiva" e "educativa" e, por outro, "exploratória". Segundo Alvim (1994), os defensores da prática do trabalho infantil – principalmente os patrões e um número considerável de famílias empobrecidas – irão ressaltar os aspectos positivos dessa prática, argumentando que ela não apenas protegeria as crianças da entrada para o mundo do crime, como também proporcionaria o aumento da renda familiar. Ou seja, bom para o menor e bom para a família.

A solução para a questão do menor transfere-se das fábricas para os internatos

A partir do Código de Menores, teremos o incremento da parcela da população – técnicos sociais, médicos, psicólogos e outros representantes da classe média instruída – contrária ao uso do trabalho infantil como solução para o problema do menor, buscando nas instituições de internato uma nova alternativa para a questão. A resolução do problema parece então se deslocar do âmbito das fábricas para o da internação de cunho educativo.

Com o surgimento do Serviço de Assistência ao Menor (SAM) – que parece ter sido a "menina dos olhos" de diversos juízes, médicos, políticos e dos que apoiavam o código na época – há o apogeu dos internatos. Estes, através de atividades e projetos educativos, tinham o objetivo de "recuperar" e "proteger" o menor, as crianças pobres e as abandonadas (Alvim; Valladares, 1988). Após uma séria crise devido às críticas ao seu sistema de internatos, o SAM passou por diversas reformas que deram origem à Fundação Nacional do Bem-Estar do Menor (Funabem). Segundo Alvim, uma das principais novidades introduzidas pela Funabem foi o estímulo ao fortalecimento das relações entre os internos e seus familiares, em especial aqueles mais "problemáticos". Porém, ressalta que estávamos na época do Regime Militar e da "lei de segurança nacional" (Alvim, 1995, p. 164): "Os primeiros ideólogos da Funabem que não lidavam com o menor trabalhador, mas sim com o 'infrator' e o 'carente', acreditavam que para assegurar a ordem, para manter a doutrina da segurança nacional, esses menores deveriam ser enclausurados".

Podemos notar que, a partir da regulamentação do trabalho infantil, com o Código de Menores, essa prática sai de cena como um "problema social". A criança e o adolescente que trabalham agora de maneira regularizada e controlada pelo Estado não deixam de estar, de certa forma, "protegidos" ou "sob controle", sendo, portanto, "inofensivos". Mas esse suposto controle do Estado está longe de garantir que os adolescentes e mesmo crianças pequenas não trabalhem em situações precárias e desumanas. Segundo a autora (Alvim, 1995), essa será uma das bandeiras dos movimentos sociais da década de 1980.

A crise dos internatos e o processo de redemocratização do país

Já a partir do final dos anos de 1970, formam-se por todo o país grupos de defesa da "infância pobre", que irão criticar o sistema de internatos e propor formas alternativas para o atendimento dessas crianças e adolescentes. Nessa corrente, mudam-se os termos da questão: de *menor* para *menino de rua* (que será posteriormente acrescido do termo *menina de rua*). Segundo Alvim (1995), essa mudança reflete um esforço dos técnicos sociais em dar visibilidade ao fato de se tratar de crianças e jovens vítimas da pobreza e de um sistema econômico em crise, como a situação de grande desemprego nas famílias, o que atinge em cheio as suas possibilidades de sustento.

O final dos anos de 1980 se caracterizou como o auge do processo de redemocratização nacional. Esse processo, que envolveu ativistas sociais, políticos e cidadãos de todo o país, culminou, entre outras coisas, no movimento das Diretas Já, na nova Constituição Federal aprovada em 1988 e no Estatuto da Criança e do Adolescente (ECA), em 1990.

O novo estatuto propõe a garantia dos direitos à vida, à saúde, ao alimento, à escola, à proteção e ao lazer para todas as crianças e adolescentes, sem distinção. Assim, o destino dos filhos e das filhas de famílias pobres, até então marcado pelo trabalho precoce ou pela marginalidade, passa a ganhar, com respaldo legal, outro sentido: o de ser igual, ao menos em direitos, aos filhos das camadas mais favorecidas da população. O trabalho infantil passa a ser entendido como uma violação de direitos, contrapondo-se definitivamente àquelas ideias de atividade "educativa" e "protetiva", e o sistema de reclusão em internatos torna-se muito mal visto. É dentro da proteção da família nuclear que a infância deve encontrar as condições necessárias para se desenvolver com segurança.

A mudança nos termos da questão: a moralização do discurso sobre as famílias

Se durante toda a década de 1980 o debate político brasileiro conferia à crise social (e seus efeitos de precarização das condições de vida das famílias de baixa renda) a responsabilidade pela infância abandonada ou marginalizada, a partir do novo Estatuto da Criança e do Adolescente, esse discurso sofre uma mudança significativa.

No artigo intitulado *Os direitos dos mais e menos humanos*, as antropólogas Claudia Fonseca e Andrea Cardarello (1999) discutiram alguns efeitos inesperados do ECA com base na análise de programas para a institucionalização de crianças e adolescentes na antiga Febem/RS. Analisando as categorias utilizadas na especificação dos motivos de internação, as autoras encontraram nos documentos referentes aos períodos de 1985 e 1994 uma mudança expressiva nos termos da questão. Os dados referentes ao ano de 1985 indicam que cerca de 81% dos casos de internação eram motivados por problemas socioeconômicos ou de sua decorrência direta. Por outro lado, os dados de 1994 contabilizam quase 3/4 das internações como tendo sido motivadas por categorias que "sugerem a ação maléfica dos pais/tutores adultos: 'abandono', 'maus tratos', 'negligência', 'abuso', etc." (Fonseca; Cardarello, 1999, p. 106). Conforme as autoras propõem, isso não representou uma mudança nas práticas dessas famílias com relação aos filhos, mas sim que aspectos antes considerados pelos técnicos como decorrência da situação socioeconômica passam a ser "moralizados" e dirigidos aos pais e/ou responsáveis pela criança.

> *A passagem do "problema socioeconômico" para a "negligência" revela uma mudança de enfoque na visão da infância pobre e de sua família no Brasil. Se em 1985 considerava-se*

> que motivos como "mendicância", "maus-tratos", "desintegração familiar" e "doenças do menor" eram decorrência direta de "problemas socioeconômicos", hoje, mais do que nunca, a família pobre, e não uma questão estrutural, é culpada pela situação em que se encontram seus filhos. É ela que é "negligente", maltrata as crianças, as faz mendigar, não lhes proporciona boas condições de saúde, enfim, não se organiza. (Fonseca; Cardarello, 1999, p. 107)

As autoras nos chamam a atenção para o fato de que, na prática, a sociedade brasileira não possui as condições necessárias para proporcionar aos seus cidadãos aquilo que apregoam suas leis. Esse descompasso entre aquilo que é o ideal e suas condições de possibilidade nos diferentes contextos pode ter como um efeito inesperado a culpabilização da família por questões que estão fora de seu alcance: "Parece que a família pobre – e não o 'Poder Público' ou a 'sociedade em geral' é o alvo mais fácil de represálias" (Fonseca; Cardarello, 1999, p. 106).

Políticas para a infância pós-Estatuto: a influência das organizações internacionais e os modelos normativos de infância e família

Os esforços políticos de diversos agentes sociais em todo o mundo, estejam eles nas "pontas" ou encabeçando projetos, têm sido sem dúvida muito importantes na demarcação das situações de extrema miséria em que vivem milhões de crianças, sobretudo nos países em desenvolvimento. Essas iniciativas e esse compromisso com a justiça social são fundamentais, porque, entre outras coisas, não permitem que as enormes discrepâncias socioeconômicas que caracterizam as sociedades humanas hoje permaneçam obscurecidas pela enxurrada de discursos sobre o suposto progresso que os avanços tecnológicos e uma economia de mercado globalizada estariam proporcionando aos quatro "cantos" do mundo (Vecchio, 2007).

Numa corrida contra o tempo, inúmeras iniciativas têm sido empreendidas para tentar impedir que mais e mais crianças tenham de viver sob situações degradantes e que atentam contra a dignidade destas. Temos a constituição de leis específicas para a infância, a criação de fundos internacionais de apoio, a elaboração de projetos sociais em níveis nacional e internacional, a produção de conhecimento científico nas mais diversas áreas de conhecimento, além de atividades e iniciativas locais, em sua maioria invisíveis, que buscam dar conta das micropolíticas cotidianas.

(8.3)
Para onde convergem os discursos hegemônicos sobre infância e proteção

Fulvia Rosemberg (2002), em seu artigo *Organizações multilaterais, Estado e políticas de educação infantil*, afirma que, no início da década de 1990, logo após os debates que instituíram o novo ECA, alguns projetos elaborados no âmbito do Ministério da Educação tiveram o forte intuito de colocar em prática a universalização dos serviços dirigidos às crianças através da unificação de creches e jardins de infância. Tais projetos, segundo a autora, buscavam eliminar uma diferença histórica entre as creches dirigidas às populações pobres e os jardins de infância das classes médias e altas. No entanto, em função dos novos arranjos políticos e dos acordos econômicos firmados com FMI e Banco Mundial, esses projetos foram interrompidos, já que os novos acordos incluíam também a adequação das políticas para a infância aos moldes ditados pelas agências internacionais.

Em *Primeira infância: a visão do Banco Mundial*, Helen Penn (2002) demonstra que os modelos de políticas para a infância, preconizados, entre outros órgãos, pelo Banco Mundial, pelo Unicef e pela Unesco, estão ancorados em uma perspectiva de uma "infância universal", ou seja, idêntica em qualquer parte do planeta. Essa perspectiva universalista permitiu que as concepções produzidas nos Estados Unidos a respeito do que é adequado ou não à fase infantil fossem generalizadas e, assim, exportadas aos demais países – sobretudo àqueles em desenvolvimento.

Sobre a questão de uma possível "infância universal", que pressuporia um "sujeito universal", Fonseca (2002, p. 52) faz uma ressalva lembrando-nos de que o sujeito dos cientistas sociais não é o mesmo dos psicólogos. "Enquanto é comum estes (os psicólogos) trabalharem com a ideia de um sujeito humano universal, cujos mecanismos psíquicos são basicamente os mesmos em qualquer lugar, os cientistas sociais tendem a centrar seus esforços nas sensibilidades específicas a determinados contextos".

Assim, essa autora pretende recuperar a dimensão dos contextos social e econômico como fundamentais na construção das categorias de conhecimento e nas emoções dos sujeitos, bem como demarcar uma diferença de pontos de vista entre as duas ciências.

Se, por um lado, uma visão universalista da infância pode trazer força política e legitimidade necessárias para se transporem fronteiras, por outro, conforme argumentou Penn (2002), pode acabar como mera retórica democrática, acabando por ocultar o poder dos pertencimentos de classe, generalizando valores e visões de mundo específicas das classes médias anglo-americanas. Entre esses valores, a autora irá ressaltar o individualismo, o qual pressupõe que as desigualdades entre ricos e pobres são o resultado de fracassos pessoais e não de um jogo de forças sociais mais amplas. Como se todas as pessoas, de todos os contextos socioeconômicos, tivessem iguais condições para competirem pelo seu "sucesso pessoal".

De toda forma, dentro da perspectiva das políticas internacionais para a infância, há o foco principal nos primeiros anos de vida da criança em virtude da importância desse período para o desenvolvimento cerebral e cognitivo-emocional do ser humano. Vecchio (2007) aponta que dois fatores então têm sido comumente apontados como principais alvos das políticas para a infância:

- a desnutrição infantil, que acarretaria um desenvolvimento cognitivo deficiente e a diminuição da competência escolar;
- e a "paternidade deficiente" ou a "desestruturação familiar", sendo consideradas como as principais responsáveis pelos desvios de conduta social.

(8.4)
Os equívocos em se confundir "pobreza" com "problema" social

Dentro do que foi exposto, é possível notar que existe uma certa ideia de experiência familiar e econômica que servem como parâmetro e modelo de normalidade. Esse modelo de família e de infância percebido como o mais adequado é justamente aquele experimentado pelas camadas mais favorecidas da população. O risco que se corre com isso é o de tomar um tipo específico de experiência de vida (o das classes médias e altas) como o único possível para o desenvolvimento humano saudável. Essa generalização dos contextos populares como intrinsecamente "inadequados" é problemática na medida em que não leva em consideração as milhares de famílias que, não obstante vivendo em situação de escassez de recursos, têm criado estratégias para dar conta de criar e proteger seus filhos.

Claudia Fonseca argumenta que grande parte das pesquisas feitas entre grupos populares (como aquelas realizadas em hospitais, abrigos para jovens infratores, programas sociais), assim como as notícias veiculadas pela mídia, abordam esses grupos a partir de um olhar focado nas suas situações problemáticas. Dessa forma, o social dos grupos populares que chegaria até nós seria imediatamente vinculado à ideia de problema social. A partir de estudos com esse tipo de amostra centrada nos casos problemáticos, as conclusões correm o risco de serem tendenciosas ou, conforme argumenta a autora (Fonseca, 2002, p. 52), "qualquer característica dos casos problemáticos que difere do hegemonicamente normal é vista como causa do problema".

O risco que se corre é que esse tipo de estudo com "amostras viciadas" acabe generalizando e reforçando ideias a respeito de famílias de baixa renda como intrinsecamente problemáticas.

Em um diálogo com a psicologia e as noções de família nuclear – ou de família "estruturada" –, Fonseca (2002, p. 52) demonstra que, embora tenha sido eleita como modelo universal e normativo, a família nuclear não representa o tipo de arranjo familiar frequente em contextos populares, os quais (conforme vimos no capítulo anterior sobre classe social) possuem uma característica bem mais flexível e cambiante. Nesse sentido, falar em "desorganização" e "problema" surge justamente quando comparamos a família nuclear modelo com dinâmicas alternativas a ela. Quando comparadas entre si, as famílias dos grupos populares apresentam uma organização e coerência dentro de seus próprios parâmetros.

Sem dúvida, nenhuma área de conhecimento é capaz de dar conta da realidade em toda a sua complexidade, e isso foi ressaltado por Helen Bee (1996, p. 413), em seu livro clássico sobre a criança em desenvolvimento: "Atualmente também deveríamos considerar a cultura global, porque o mercado mundial afeta as oportunidades de trabalho e o padrão de vida de cada país. Mas este é um nível de complexidade que ainda não posso sequer começar a considerar".

Vecchio (2007) sublinha que, embora muito da produção em psicologia e psicopedagogia não possa ainda considerar os efeitos das desigualdades políticas e econômicas implicadas nos contextos de baixa renda e a sua relação com os discursos hegemônicos, isso não deve de forma alguma ser meramente posto de lado, mas, pelo contrário, deve ser, sim, trabalhado; isso é fato, sobretudo quando pensamos a influência que essas produções e essas pesquisas têm no âmbito da criação de projetos para as políticas públicas para a infância e a educação infantil, sejam elas provenientes de organizações nacionais, sejam internacionais. Mas não é só isso. Trata-se de todo um imaginário de infância e família que perpassa os mais diversos setores da sociedade e que abrange desde as produções escritas até os cursos de formação de profissionais que irão intervir nas problemáticas sociais.

Nesse sentido, nossa preocupação é a de que um olhar que se volte somente para os hábitos das famílias e não para o seu contexto mais amplo acabe por contribuir na culpabilização indevida de segmentos sociais já bastante enfraquecidos. Além de ser injusto com muitas famílias, esse olhar limitado restringe nossas possibilidades de apreciação real das diversas facetas que compõem a realidade social, afastando-nos assim da possibilidade de uma intervenção mais efetiva sobre as desigualdades sociais e sobre o empobrecimento que afetam de forma aviltante muitas das famílias de contextos populares.

(.)
Ponto final

Neste capítulo, aprendemos que o entendimento que temos nos dias de hoje sobre o período da infância como uma fase especial e separada da fase adulta é um produto da modernidade: ou seja, nem sempre foi assim. Trata-se de uma percepção que surge em um determinado contexto político e social europeu, o qual também originou um tipo específico de organização familiar centrado na família nuclear.

Com o surgimento da escola, temos também o surgimento de dois tipos de ensino: aquele dirigido para a infância popular e aquele voltado para a infância abastada. No Brasil, a "infância pobre" toma um caráter de problema social e irá mobilizar diversos movimentos políticos e sociais. Inicialmente, há as fábricas e, em seguida, serão os internatos os espaços de proteção para o menor. Com o processo de redemocratização no país, os internatos entram em crise e a sociedade se mobiliza em prol de uma maior igualdade e justiça social, o que deveria trazer também melhores condições de vida para as famílias de meninos e meninas de rua. Passa-se à percepção das discrepâncias sociais e econômicas que afetam de forma definitiva essas famílias, impedindo-as de oferecer melhores condições de vida aos seus filhos. Após a criação do novo ECA, temos uma inversão nos termos da questão: a família, e não mais o Estado, passa a ser considerada a principal responsável pela criança. O que, por um lado, significou um avanço (pois trouxe de volta à família o direito sobre seus filhos) mas, por outro, não resolveu os problemas de pobreza estrutural. Com a influência das produções científicas voltadas para a compreensão do desenvolvimento infantil, em conjunto com a visão de evolução de países desenvolvidos, temos a emergência de políticas universais para a infância exportadas aos países em desenvolvimento. Se, por um lado, há políticas de peso atuando nos países pobres, por outro, ocorre a padronização de um determinado entendimento de infância e família "normal". Disso decorre o risco de confundirmos qualquer coisa que seja diferente do "normal" como um "problema". Assim, embora algumas consequências da pobreza possam sem dúvida afetar de forma dramática o desenvolvimento de uma criança, isso não significa que TODAS as crianças pobres terão um desenvolvimento anormal.

Indicações culturais

Filme

A INVENÇÃO da infância. Direção: Liliana Sulzbach. Produção: M. Schmiedt Produções. Brasil, 2000. 26 min.

Literatura

ALVIM, R. Infância das classes populares: a constituição da infância como problema social no Brasil. In: ABREU, A. R. P.; PESSANHA, E. G. F. (Org.). *O trabalhador carioca*: estudo sobre trabalhadores urbanos no Rio de Janeiro. Rio de Janeiro: JC Editora, 1995. p. 155-169.

ARIÈS, P. *História social da criança e da família*. Rio de Janeiro: J. Zahar, 1981.

Atividade

Qual a trajetória das políticas públicas para a infância no Brasil? Como você avalia esse percurso?

(9)

Relações de gênero e educação

Gelson Luiz Daldegan de Pádua
Pedro Francisco Guedes do Nascimento

Muitas vezes, ouvimos afirmações do tipo: "Isso é coisa de homem" ou "Isso é coisa de mulher". Quem de nós nunca ouviu comentários sobre a "natureza" de homens e de mulheres? Quem nunca ouviu expressões do tipo "homem que é homem não chora" ou "brinquedo de menina é boneca". Esses são exemplos muito simples, mas que apontam para uma tendência que percebemos em nosso dia a dia, ao se tratar de modo naturalizado das diferenças entre homens e mulheres, como se estas fossem de ordem biológica. Percebemos como essas associações estão referidas a expectativas em relação à forma como homens e mulheres deveriam conduzir suas vidas, inclusive no que diz respeito à sexualidade, como veremos no capítulo seguinte. Além disso, essas falas revelam não apenas uma expectativa cultural voltada à explicação das diferenças, mas também que estão marcadas por relações de poder.

Há algumas décadas – principalmente a partir da contribuição de movimentos sociais, como o feminismo e o movimento de *gays* e lésbicas – passou-se a questionar visões essencialistas como explicação das diferenças entre os sexos. É assim que o conceito de GÊNERO vai ser reivindicado como uma forma mais apropriada de entender essas relações ao propor uma superação das explicações naturalizantes do SEXO. Neste capítulo, analisaremos o que se entende pelo conceito de gênero e como suas implicações importam para a reflexão sobre a organização da vida social de uma forma geral, inclusive com questões relacionadas ao campo educacional.

(9.1)
A construção do conceito: do sexo ao gênero

Se atentarmos para a diversidade de perfis de homens e mulheres com que nos deparamos no nosso cotidiano, somos estimulados a considerar que existem muitas diferenças mesmo entre as próprias mulheres, bem como entre os homens. Se fizermos esse exercício, nos confrontaremos com a percepção insistente de que não há caminhos definidos quando a busca é por uma conceituação de homem, de masculino ou de masculinidades, nem de mulher, feminino ou de feminilidades. Se isso é uma afirmação um tanto óbvia, ela só reforça a compreensão de que, em termos da experiência humana, nada está dado *a priori*.

O que queremos afirmar é que, se há tantas possibilidades de elencar a experiência de homens e mulheres, onde ficam as crenças cristalizadas de uma condição masculina ou feminina de ordem natural? O que fazer com nossas percepções de que existem certos elementos que distinguem homens e mulheres pelo seu aparato biológico explícito? Não é verdadeiro o repertório veiculado diariamente acerca de uma certa SUBSTÂNCIA que torna os indivíduos propensos a manifestarem-se de modo masculino ou feminino?

Refletir sobre essas questões implica considerar o esforço que estudiosos das mais diversas áreas têm feito nas últimas décadas para demonstrar que aquilo que aparece como óbvio, "o homem tem de ser homem", é resultado de uma elaboração cultural engenhosa que investe de significados corpos biológicos diferenciados, inclusive reivindicando a dimensão biológica para configurar essa diferenciação.

Gênero e feminismo

Para sermos mais claros, será preciso contar uma história. A história de como deixamos de usar o termo *sexo* como um dado natural inelutável, que definia homens e mulheres tais como os vemos, e passamos a falar a expressão *gênero*, acreditando que estaríamos assim armados mais eficientemente para entender como tínhamos chegado a ser o que somos.

A importância do conceito de gênero para a compreensão da complexidade da vida social tem sido cada vez mais reconhecida. Entendemos que categorias clássicas como classe social, idade, *status* e outras podem ser enriquecidas com a perspectiva do gênero.

Podemos dizer que os estudos de gênero – e a emergência dessa noção – estão relacionados aos movimentos libertários dos anos de 1960, particularmente o movimento feminista e o movimento *gay*, na medida em que ambos questionaram a forma como se davam as relações afetivas e sexuais (Grossi, 1998).

Embora na década de 1970 as feministas já chamassem a atenção para a necessidade de incluir os homens ou a masculinidade na reflexão e já existissem estudos sobre masculinidade, estes foram obscurecidos pelo discurso feminista sobre a mulher e a feminilidade. O estudo das relações de gênero, que se apresentou como uma nova fase nos estudos de gênero, não conseguiu esse feito com facilidade. O que podemos notar foi a perspectiva da mulher ou o feminino em relação ao homem: este continuou mais como um meio para se falar da mulher ou de sua submissão e menos como um dos elementos a serem compreendidos em sua especificidade, passíveis de serem investigados, bem como fundamentais para a compreensão da anunciada "relação". Dizer que "gênero é uma categoria relacional" funcionou, durante muito tempo, mais como um projeto a ser alcançado do que como uma real modificação na forma de conduzir a discussão.

(9.2)

Buscando fugir das oposições

A ênfase no conceito de gênero em lugar de sexo, além de demonstrar que as diferenciações entre os sexos são histórica e culturalmente construídas, insiste no "aspecto relacional das definições normativas da feminilidade" (Scott, 1995), o que tornou essa conceituação fundamental.

A historiadora Joan Scott (1990) define gênero como um elemento constitutivo de relações sociais baseadas nas diferenças percebidas entre os sexos:

> O gênero se torna [...] uma maneira de indicar as "construções sociais": a criação inteiramente social das ideias sobre os papéis próprios aos homens e às mulheres. É uma maneira de se referir às origens exclusivamente sociais das identidades subjetivas dos homens e das mulheres. O gênero é, segundo essa definição, uma categoria social imposta sobre o corpo sexuado.

Gênero, de acordo com as estudiosas feministas, é uma ferramenta teórica de análise do social tão indispensável quanto é a categoria de classes sociais para a teorização crítica de cunho marxista.

Ao mesmo tempo, é importante destacar que a discussão de gênero não pode se restringir apenas às relações entre homens e mulheres, mas está associada a questões mais gerais, como afirma o antropólogo Robert Connell (1995, p. 189):

> o gênero é muito mais do que as interações face a face entre homens e mulheres. [...] É uma estrutura ampla, englobando a economia e o estado, assim como a família e a sexualidade, tendo, na verdade, uma importante dimensão internacional.

O gênero é também uma estrutura [...] muito mais complexa do que as dicotomias dos "papéis de sexo" ou a biologia reprodutiva sugeririam.

Sobre essas definições, a educadora Guacira Lopes Louro (1998, p. 85-86) comenta:

Com relação aos gêneros, sabemos que inúmeras teorias e explicações têm sido elaboradas para "provar" distinções entre homens e mulheres. O espectro dessas distinções atravessa as mais variadas dimensões: características físicas, psicológicas, comportamentais, habilidades e aptidões, talentos e capacidades são acionados e nomeados para justificar os lugares sociais, os destinos e as possibilidades "próprios" de cada gênero. Desde seus primeiros ensaios e teorizações, estudiosas feministas vêm buscando acentuar o caráter fundamentalmente social de tais distinções; vêm procurando demonstrar que não são propriamente as características sexuais, mas sim tudo o que se diz ou pensa sobre elas, tudo o que se representa, valoriza ou desvaloriza em relação aos sexos que, efetivamente, constitui o masculino e o feminino numa dada sociedade e num dado momento histórico.

Como afirmamos inicialmente, o gênero, como definiu Joan Scott, é também "uma forma primária de dar significado às relações de poder". Isso quer dizer que falar de gênero não se refere apenas a afirmar que as diferenças entre os sexos são configuradas culturalmente, mas que a forma pela qual essa percepção se dá não é neutra, mas aponta para relações hierárquicas marcadas por relações que implicam não apenas a diferença, mas também a desigualdade. É mais uma vez Joan Scott, em uma entrevista a feministas brasileiras, quem vai chamar a atenção para outras questões no conceito de gênero que extrapolam a representação cultural da diferença sexual. Segundo essa autora, citada por Grossi, Heilborn e Rial (1998, p. 115), gênero refere-se "ao discurso da diferença dos sexos":

> Ele não se refere apenas às ideias, mas também às instituições, às estruturas, às práticas quotidianas como também aos rituais e a tudo que constitui as relações sociais. O discurso é um instrumento de ordenação do mundo, e mesmo não sendo anterior à organização social, ele é inseparável desta. Portanto o gênero é a organização social da diferença sexual. Ele não reflete a realidade biológica primeira, mas ele constrói o sentido dessa realidade. A diferença sexual não é a causa originária da qual a organização social poderia derivar. Ela é antes uma estrutura social movente, que deve ser analisada nos seus diferentes contextos históricos.

Insistir numa maior clareza do que estamos tratando por gênero é importante para evitar análises simplificadoras que apenas substituem um conceito por outro sem observar as suas especificidades. Falar, como fez Scott, que "gênero não reflete a realidade biológica primeira", mas "constrói o sentido dessa realidade" não significa negar a constituição diferenciada dos organismos biológicos, nem negar "um lugar para os corpos suados" à teorização do gênero, como afirma Robert Connell. O que Connell (1995, p. 188-189) destaca é que a mesma cultura que formula "os conjuntos de práticas, símbolos, representações, normas e valores" correspondentes a cada gênero, formula também para nós a "diferença sexual anátomo-fisiológica".

Se assim não fosse, não seria possível entender como a crença de que somos naturalmente divididos em dois sexos só tenha começado a ganhar força a partir do final do século XVIII e início do século XIX. Conforme nos informa o psicanalista Jurandir Freire Costa (1995, p. 6):

A noção de sexo estava subordinada à ideia da perfeição metafísica do corpo masculino. A hierarquia sexual ia da mulher ao homem. Sexo tinha como referente, exclusivamente, os órgãos reprodutores do homem. A natureza havia feito com que a mulher não tivesse o mesmo calor vital do homem, a fim de que pudesse abrigar o esperma e os óvulos fecundados sem destruí-los. A frieza da mulher era necessária à reprodução. Se a mulher fosse tão quente quanto o homem, o embrião poderia ser dissolvido. Quando a mulher aquecia muito não chegava ao estágio sexual do homem. Ao contrário, o aumento do calor gerava distúrbios nos seus humores, que fermentavam, subiam para a cabeça, produzindo fenômenos patológicos.

Essa afirmação não aponta necessariamente que até aquele momento histórico não existisse diferença entre os sexos ou que as pessoas não as percebessem. O ponto em questão é que, apenas a partir desse momento as diferenças biológicas e anatômicas entre homens e mulheres serão utilizadas como EXPLICAÇÃO de todas as diferenças. Mais que isso: é nessa mesma "natureza", percebida como diferente, que se buscarão as justificativas não apenas para explicar as diferenças, mas para legitimar as desigualdades e se buscar argumentos de ordem natural para a subordinação das mulheres.[a]

---

a. Para uma crítica do "fundacionalismo biológico", que estaria na base das teorias que mantêm o binarismo sexo/gênero, conferir Nicholson (2000).

(9.3)
Gênero, sexualidade e educação

Da mesma forma que no debate sobre gênero aparece a tensão sexo *versus* gênero, na discussão sobre sexualidade também aparece a tensão entre essencialismo e construcionismo social. Segundo essa compreensão, o sexo estaria para uma perspectiva mais essencialista (no sentido de algo natural que indicaria ou definiria comportamentos), como o gênero estaria para o construcionismo, como categoria socialmente moldada.[b] A sexualidade é o objeto de estudo do próximo capítulo, porém fazemos referência a ela aqui em virtude da sua intrínseca relação com o debate sobre gênero. Nas palavras da professora Guacira Lopes Louro (1999, p. 11), haveria dois pontos a serem considerados para compreensão das transformações das formas de encarar a sexualidade: "O primeiro deles remete à compreensão de que a sexualidade não é apenas uma questão pessoal, mas é social e política; o segundo, ao fato de que a sexualidade é 'aprendida', ou melhor, é construída, ao longo de toda vida, de muitos modos, por todos os sujeitos".

---

b. Para uma revisão do debate sobre sexualidade envolvendo essencialismo *versus* construcionismo, ver Machado (2003, p. 6-9).

(.)
Ponto final

Diante dos conceitos trabalhados até aqui, como poderemos pensar a forma como essas questões têm sido abordadas e vivenciadas no âmbito escolar? É possível pensar a escola como um espaço onde a naturalização dessas questões têm sido discutidas ou elas continuam a ser reproduzidas?

Em sua obra *Um corpo estranho: ensaios sobre sexualidade e teoria "queer"*, a professora Guacira Lopes Louro (2004) chama a atenção para o fato de que a escola é um dos aparelhos mais eficientes no controle da sexualidade e dos corpos, na medida em que a instituição escolar e os currículos são percebidos como legitimadores das "posições de sujeito" em determinada cultura.

Segundo a provocação dessa autora, como poderíamos identificar essas questões? Ela nos convida a pensar, por exemplo, que, nos dias atuais, mesmo que se tenha discutido seguidamente sobre a existência das mais variadas formas de se experimentar o gênero e a sexualidade, os educadores e as educadoras ainda baseiam suas concepções em uma perspectiva segundo a qual haveria apenas uma forma considerada "normal" de masculinidade e feminilidade, bem como apenas uma forma "sadia" de desejo sexual – no caso, o desejo heterossexual. A professora Guacira Lopes Louro considera que, para fugir dessa forma de abordagem, é necessário transgredir, desconsertar e desestabilizar os pares – estratégia necessária para consolidação de uma política desconstrucionista para a educação.

Indicações culturais

NICHOLSON, L. Interpretando o gênero. *Revista Estudos Feministas*, Centro de Filosofia e Ciências Humanas (CFH)/ Centro de Comunicação e Expressão (CCE)/ Universidade Federal de Santa Catarina (UFSC), Florianópolis, v. 8, n. 2, p. 9-41 2000.

SCOTT, J. W. Gênero: uma categoria útil de análise histórica. *Educação & Realidade*, Porto Alegre, 16 (2), p. 5-19, jul./ dez. 1990.

Atividades

1. Meninos e meninas são "naturalmente" diferentes? Como o conceito de gênero pode nos ajudar a responder a essa pergunta?
2. No seu entendimento, de que forma a escola reproduz as desigualdades de gênero que existem na sociedade?

(10)

Sexualidade e identidade
no cotidiano escolar

Gelson Luiz Daldegan de Pádua
Pedro Francisco Guedes do Nascimento
Rosimeri Aquino da Silva

Vários estudos em ciências sociais e humanas têm demonstrado como a sexualidade é historicamente construída, afastando-se dessa forma de uma compreensão essencialista na qual seriam buscadas explicações biológicas para as manifestações sexuais. Além dessa constatação, ressalta-se o aspecto de que nessa construção são definidas formas de viver a sexualidade como sendo normais e "mais naturais" que as demais. Nesse sentido, a heterossexualidade foi definida ao longo dos tempos como sendo a norma, a regra a partir da qual as outras formas de sexualidade vão ser pensadas e consideradas possíveis ou não. O debate sobre homossexualidade e outras expressões da sexualidade tem o objetivo de problematizar a construção de uma normatividade à qual todos deviam estar submetidos.

Outros estudos, porém, problematizam esse debate ao discutir que o próprio binarismo heterossexualidade-homossexual é constituinte dessa hierarquia na medida em que a própria heterossexualidade é também uma construção social. Esses estudiosos advogam a necessidade de se romper com essas oposições como parte do processo de superação da exclusão e da discriminação dos indivíduos em função de suas preferências sexuais (Butler, 1999).

Mas a oposição não se dá apenas em relação à homossexualidade; podemos ver também como, a partir dessas mesmas prescrições normativas, a sexualidade, por exemplo, de mulheres e adolescentes, vai ser vista como devendo se enquadrar nos mesmos padrões. A partir das contribuições dos estudos de gênero e da crítica feminista, tem sido visto, na construção da normatividade, como a sexualidade feminina está associada à passividade, assim como a masculina à atividade.

Este capítulo traz à tona essas discussões e levanta alguns questionamentos, tais como: "Como a escola participa dessas discussões?"; "Como as questões relacionadas à sexualidade são tratadas no âmbito escolar?" ou, ainda, "Como a escola participa da construção desses discursos?". É nesse sentido que devemos pensar a escola, pois ela desempenha um papel importante na construção da heterossexualidade como expressão da normalidade.

(10.1)

A escola e a reprodução das desigualdades

É nesse sentido que a professora Guacira Lopes Louro (1997, p. 64), ao analisar como a escola participa da construção das desigualdades, da homofobia e do sexismo, afirma:

> *Currículos, normas, procedimentos de ensino, teorias, linguagens, materiais didáticos, processos de avaliação são, seguramente, "loci" das diferenças de gênero, sexualidade, etnia, classe são constituídos por essas distinções e, ao mesmo tempo, seus produtores. Todas essas dimensões precisam, pois, ser colocadas em questão. É indispensável questionar não apenas o que ensinamos, mas o modo como ensinamos e que sentidos nossos(as) alunos(as) dão ao que aprendem. Atrevidamente é preciso, também, problematizar as teorias que orientam nosso trabalho (incluindo, aqui, até mesmo aquelas teorias consideradas "críticas"). Temos de estar atentas(os), sobretudo, para a nossa linguagem, procurando perceber o sexismo, o racismo e etnocentrismo que ela frequentemente carrega e institui.*

Sexualidade e identidade na escola

Stuart Hall (1997a), em sua obra *A identidade cultural na pós-modernidade*, argumenta acerca do declínio das velhas identidades na pós-modernidade. Após a fragmentação do que o autor denomina de *identidade mestra*, é possível reconhecer, e em situações bem concretas, que as identidades mudam de acordo com a forma que "o sujeito é interpelado ou representado". Tomás Tadeu da Silva (1996, p. 255) também reforça esse argumento, no nosso entendimento, ao afirmar que "O sujeito moderno só existe como resultado dos aparatos discursivos e linguísticos que assim o construíram" (Silva, 1996, p. 255). Ainda, ao abordar essa questão, o autor diz que "Aquilo que é visto como essência e como fundamentalmente humano não é mais do que produto das condições de sua constituição" (Silva, 1996, p. 255).

Silva (1996) continua, dizendo que "O sujeito moderno, longe de constituir uma essência universal e atemporal é aquilo que foi feito dele. Sua apresentação como essência esconde o processo de sua manufatura" (1996, p. 255). Acreditamos que é possível estabelecer algumas relações, a partir da perspectiva desses autores, com a diversidade de situações vividas pela escola atual.

Como vários autores nos têm chamado a atenção, a sexualidade é um fenômeno social e histórico que não existe em nenhum sentido natural e que é preciso compreendê-la como algo que diz respeito à vida social como algo historicamente construído. Assim sendo, é perfeitamente concebível a existência de critérios preestabelecidos socialmente em relação à forma como os jovens vivenciam essa sexualidade e, portanto, o "naturalmente" esperado. Essa vivência deve ser diferenciada por gênero e se estabelecer na adolescência como uma sexualidade heterossexual e não reprodutiva. Guacira Lopes Louro (1999, p. 26), também tratando desse aspecto, enfatiza:

> *a escola tem uma tarefa bastante importante e difícil. Ela precisa se equilibrar sobre um fio muito tênue: de um lado, incentivar a sexualidade "normal" e, de outro, simultaneamente, contê-la. Um homem e uma mulher "de verdade" deverão ser, necessariamente, heterossexuais e serão estimulados para isso. Mas a sexualidade deverá ser adiada para*

mais tarde, para depois da escola, para a vida adulta. É preciso manter a "inocência e a "pureza" das crianças (e, se possível, dos adolescentes).

Pesquisas mostram que os jovens não se veem como um grupo homogêneo e único: eles clamam pelas suas diferenças e não se ressentem em apontá-las, em especial no que diz respeito às vivências de suas sexualidades. Ao serem interpelados, respondem não só a partir de suas vivências em instituições educacionais, mas também pelas que têm em outras instâncias e grupos sociais.

Sabemos que a sexualidade na adolescência é constituída por diferentes discursos que tendem a fixá-la como uma representação única, assim como, no caso dos discursos da modernidade, que fixam a ideia universal de essência do sujeito, atribuindo a ele uma natureza humana universal, caracterizando todos da mesma maneira genérica, em qualquer época e lugar. No entanto, compreendemos, com base nas provocações trazidas pelos autores pós-críticos, que os sujeitos são portadores de identidades plurais, múltiplas; identidades que se transformam, que não são fixas ou permanentes, que podem ser, até mesmo, provisórias e contraditórias.

É nesse sentido que, a partir de algumas pesquisas desenvolvidas no ambiente escolar, podemos ver como os próprios alunos se referem a essas expectativas em relação à sexualidade dos adolescentes. Podemos constatar esse fato na resposta dada por uma estudante do 3º ano do ensino médio, quando questionada sobre sua sexualidade:

Todo mundo diz que a gente tá na idade de ter vontade de transar, mas a gente não deve... que só os guris podem... mas aí eu não entendo – com quem eles vão transar se com a gente não dá? Vão transar com outros caras? Mas aí também não... porque daí ele vai ser chamado de boiola, o que também não é legal... A gente transa, todo mundo sabe, mas não pode ficar grávida, é o fim do mundo... (Silva, 1999, p. 82)

Como podemos ver nesse comentário, os próprios jovens se dão conta de como o tema da sexualidade e a tentativa de controle sobre isso está presente. Ao mesmo tempo, discordam de uma visão essencialista que tende a rotulá-los da mesma forma, não levando em conta suas especificidades. Sobre esse aspecto, é notória a importância e a centralidade da sexualidade nas sociedades ocidentais.

Costuma-se rapidamente pensar sobre uma certa inconsequência no comportamento juvenil, sobre uma falta de expectativa e uma turbulência constante como característica fundamental de seus comportamentos. Alex Branco Fraga (1998), em sua dissertação de mestrado intitulada *Do corpo que se distingue: a constituição do bom-moço e da boa-moça nas práticas escolares*, enfatiza que, nos dias atuais, dificilmente encontramos alguém que não sintonize com o argumento de que a adolescência é uma fase da vida "onde os sujeitos possuem comportamentos conturbados e atitudes inconsequentes, merecendo, por isso, uma atenção toda especial para que não fiquem entregues a seus próprios impulsos juvenis".

Essa visão essencializada, segundo a psicóloga Vera Paiva (1994), concebe a sexualidade adolescente como natural e a-histórica, definida a partir de conceitos que ressaltam o poder dos hormônios, da impulsividade sexual etc. No Brasil, afirma a autora, as ideias e as expectativas dominantes (institucionalizadas) acerca da sexualidade de pessoas jovens dizem respeito a uma suposta naturalidade do desejo sexual entre os jovens, o que possivelmente se refere às concepções biológicas da sexualidade que enfatizam o sexo como um instinto natural, intrínseco e que se manifesta, indistintamente, em todos os seres humanos.

Outras vezes, pelo fato de adolescentes e jovens não serem vistos como sujeitos plenos, para os quais a sexualidade não estaria dada como possibilidade, essa questão é tratada não apenas pela escola, mas por diversas instituições a partir da preocupação, muitas vezes com pânico, da possibilidade da gravidez.

Esse discurso da gravidez na adolescência apenas como um problema, é também marcado muitas vezes, pela ambiguidade. Segundo a antropóloga Heloisa Paim (1994), a gravidez entre mulheres jovens (adolescentes) é considerada um problema "pela área médica, psicológica e governamental, bem como pelos meios de comunicação de massa". Segundo essa autora, a gravidez na adolescência é considerada um problema sob a perspectiva das classes médias, pois, desse ponto de vista, a gravidez causaria uma ruptura "na trajetória de vida esperada – profissionalização, estabelecimento de relação conjugal estável entre outros".

Essa compreensão da gravidez como causa de uma ruptura na trajetória das adolescentes está presente às vezes nas falas de jovens gestantes e nos discursos institucionais. É essa perspectiva que faz com que a gravidez na adolescência seja vista como um problema não apenas social, mas também de saúde pública.

No entanto, essa não é a única forma de se encarar a gravidez na adolescência. É interessante percebermos as contradições envolvidas nas diferentes compreensões acerca do "problema da gravidez". Ou seja, por um lado, encontramos discursos sociais que incapacitam e desautorizam as meninas gestantes, por vezes de formas opressivas, tanto por parte daqueles que lhes ensinam (seus professores), quanto por parte daqueles que lhes são próximos (o risco do abandono familiar). Em alguma medida, percebemos que há uma interferência da cultura dominante que tende a caracterizar a gravidez dessas meninas fora do casamento como um problema social, como nos aponta o estudo da referida antropóloga.

Por outro lado, faz-se necessário buscar entender a gravidez na adolescência não apenas como um "problema", mas procurar entender, com base no ponto de vista das próprias adolescentes, como essa questão é encarada. Não se trata apenas de oferecer um discurso permissivo em lugar do discurso repressor da sexualidade dos adolescentes. O que precisa ser entendido é que o discurso da gravidez na adolescência apenas como um problema ou resultado da "falta de informações" ou "irresponsabilidade" não dá conta desse fenômeno como um todo. Esse discurso repressivo deve ser entendido também como parte do mesmo discurso que vimos anteriormente, que busca definir quais são as sexualidades possíveis e "normais".

Mesmo que não implicando gravidez, podemos perceber que aqueles e aquelas adolescentes que ousam expressar, de forma mais explícita, as suas sexualidades "ficam marcados", como nos diz Guacira Lopes Louro (1999), ao discutir as "pedagogias da sexualidade", referindo-se ao trabalho de Debbie Epstein e Richard Johnson. Esses autores afirmam que algumas pessoas são sexualizadas (no caso narrado trata-se de uma garota cuja aparência é considerada "precocemente sensual no contexto da instituição pesquisada"), levando em conta o processo de dessexualização da escola. Assim, a mesma garota é, então, vista como um caso triste – e, curiosamente, ao mesmo tempo em que a instituição a considera uma vítima, a trata como culpada (Louro, 1999).

(10.2)

Homossexualidade

Vimos até então que nossa sociedade atribui a sexualidade heterossexual como a normal. Além disso, é concebida como a única forma "natural" de sexualidade. Os homens e as mulheres que não seguem essa norma, ou seja, homossexuais e bissexuais, são considerados desviantes, doentes ou pervertidos. Todos aqueles "que vivem sua sexualidade sozinhos, sem parceiros, ou que transitam de uma forma de sexualidade à outra são marginalizados pela referência heterossexual", como afirma a professora Guacira Lopes Louro (1999). Essa marginalização das sexualidades consideradas "desviantes" ou "anormais" é vivenciada a partir de manifestações sexistas e homofóbicas.

Diante dessa consideração, precisamos esclarecer alguns conceitos que são fundamentais para a nossa discussão, como o de HOMOFOBIA.

Segundo o juiz federal Roger Raupp Rios (2007, p. 31), a homofobia pode ser definida de forma rápida e direta como uma "forma de preconceito, que pode resultar em discriminação. De modo mais específico, e agora valendo-me da acepção mais corrente, homofobia é a modalidade de preconceito e de discriminação direcionada contra homossexuais".

Complexificando essa definição, o autor aponta para a existência de duas interpretações centrais da homofobia: a homofobia como AVERSÃO FÓBICA e a homofobia como HETEROSSEXISMO. Compreender o preconceito e a discriminação sofridos por homossexuais a partir da noção de fobia tem como elemento central "as dinâmicas individuais experimentadas pelos sujeitos e presentes em sua socialização", conforme afirma Rios (2007, p. 33). Por essa razão nos deteremos aqui na segunda acepção por estar relacionada mais diretamente ao tipo de argumento que estamos elaborando.

A ideia de homofobia entendida como heterossexismo se apresenta então como uma alternativa à abordagem da homofobia como aversão fóbica, designando:

> Um sistema onde a heterossexualidade é institucionalizada como norma social, política, econômica e jurídica, não importa se de modo explícito ou implícito. Uma vez institucionalizado, o heterossexismo manifesta-se em instituições culturais e organizações burocráticas, tais como a linguagem e o sistema jurídico. Daí advém, de um lado, superioridade e privilégios a todos que se adequam a tal parâmetro, e de outro, opressão e prejuízo a lésbicas, gays, bissexuais, travestis, transexuais e até mesmo a heterossexuais que por ventura se afastem do padrão de heterossexualidade imposto. (Rios, 2007, p. 33)

Ainda com relação à HETERONORMATIVIDADE, o autor afirma que

> A homossexualidade revela-se como a contraface do sexismo e da superioridade masculina, na medida em que a homossexualidade põe em perigo a estabilidade do binarismo das identidades sexuais e de gênero, estruturadas pela polaridade masculino-feminino. Toda vez que esta diferenciação for ameaçada [...] pela homossexualidade apresentar-se-á todo um sistema de ações e reações prévio ao indivíduo, no qual ele está imerso, nele se reproduz e dele vai muito além: trata-se do caráter institucional da homofobia como heterossexismo. (Rios, 2007, p. 34)

Considerando, como vimos, que a escola é uma dessas instituições participantes na construção da heterossexualidade como norma – ou seja, vista como natural e evidente –, devemos refletir como determinadas questões estão presentes e como podem ser encaradas.

Como são tratadas as identidades que se constroem por meio dessa diversidade da experiência da sexualidade que extrapola a heteronormatividade? Como adolescentes e jovens, por exemplo, são percebidos em relação à sua sexualidade? Como a experiência da gravidez na adolescência é percebida por professores e demais profissionais envolvidos na escola? Há diferença entre essas percepções e a dos alunos e das alunas envolvidos nessas experiências? Há espaço para a consideração da homossexualidade como uma possibilidade livre de homofobia e discriminação no espaço da escola?

A professora Guacira Lopes Louro, ao nos provocar a encararmos de frente a instabilidade que seria característica da pós-modernidade e a presença dessa instabilidade na própria escola, alerta que mais perturbadora que essa instabilidade é a presença de sujeitos que ousam assumi-la abertamente:

> *Para o campo educacional, a afirmação desses grupos é profundamente perturbadora. Não dispomos de referências ou de tradições para lidar com os desafios ali implicados. Não podemos mais simplesmente "encaminhá-los" para os serviços de orientação psicológica para que sejam corrigidos, nem podemos aplicar-lhes um sermão para que sejam reconduzidos ao "bom caminho". Mas certamente é impossível continuar ignorando-os.* (Louro, 2000, p. 49-50)

A fala dessa professora é um convite para que o espaço da escola e a nossa reflexão sobre a educação encontrem condições para dar conta da diversidade. As diferenciadas formas de expressão da sexualidade e os seus múltiplos cruzamentos (como em relação à idade e gênero) precisam ser levados em conta, encarados, debatidos, e os direitos dos sujeitos envolvidos precisam ser garantidos no espaço da escola.

(.)

Ponto final

Neste capítulo, procuramos acentuar a não homogeneidade da "juventude" e a multiplicidade de sentidos que distintos grupos dão à sexualidade. Assim, destacamos outros sentidos atribuídos à feminilidade e à maternidade evidenciados em jovens estudantes. Estes fogem da racionalidade do conhecimento médico e, muitas vezes, fogem dos discursos institucionais realizados na família, na escola etc. No território escolar, é possível encontrar sexualidades que não se encontram alinhadas com os discursos da "normalidade sexual", ou seja, a heterossexualidade. Jovens homossexuais experimentam a homofobia na escola que se manifesta de conhecidas formas, como a violência física, simbólica e verbal. Podem, assim, experimentar o acolhimento e a tolerância de suas escolhas, em alguma medida. Trabalhamos com a noção de que na escola os sujeitos masculinos ou femininos podem ser heterossexuais, homossexuais, bissexuais, apesar de a escola tradicionalmente trabalhar apenas com a referência heterossexual.

Indicações culturais

PASINI, E. (Org.). *Educando para a diversidade*. Porto Alegre: Nuances, 2007.

POCAHY, F. (Org.). *Rompendo o silêncio*. Homofobia e heterossexismo na sociedade contemporânea. Políticas, teoria e atuação. Porto Alegre: Nuances, 2007.

Atividades

1. Como se manifesta a homofobia na escola?
2. É adequada a denominação *gravidez indesejada*?

Referências

ABU-LUGHOD, L. Writing Against Culture. In: FOX, R. (Org.). *Recapturing Anthropology*: Working in the Present. Santa Fe (New Mexico): School of American Research Press, 1991.

ADORNO, S. A experiência precoce da punição. In: MARTINS, J. S. (Org.). *O massacre dos inocentes*: a criança sem infância no Brasil. São Paulo: Hucitec, 1993. p. 181-216.

ÁLVAREZ-URIA, F. Microfísica da escola. *Educação e Realidade*, Porto Alegre, v. 21, n. 2, jul./dez. 1996.

ALVIM, R. O trabalho infanto-juvenil em discussão. In: MARTINS, H. S.; RAMALHO, J. R. (Org.). *Terceirização*: diversidade e negociação no mundo do trabalho. São Paulo: Hucitec, 1994. p. 123-136.

ALVIM, R. Infância das classes populares: a constituição da infância como problema social no Brasil. In: ABREU, A. R. P.; PESSANHA, E. G. F. (Org.). *O trabalhador carioca*: estudo sobre trabalhadores urbanos do Rio de Janeiro. Rio de Janeiro: JC Editora, 1995. p. 155-169.

ALVIM, R.; VALLADARES, L. P. Infância e sociedade no Brasil: uma análise da literatura. *Boletim Informativo e Bibliográfico de Ciências Sociais* (BIB), Rio de Janeiro, n. 26, p. 3-37, 1988.

ARIÈS, P. *História social da criança e da família*. Rio de Janeiro: J. Zahar, 1981.

BAKHTIN, M. *A cultura popular na Idade Média e no Renascimento*: o contexto de François Rabelais. São Paulo: Hucitec, 1987.

BARTHES, R. *Aula inaugural da cadeira de Semiologia Literária do Colégio de França*. São Paulo: Cultrix, 1977.

BEE, H. *A criança em desenvolvimento*. Porto Alegre: Artes Médicas, 1996.

BERGER, P.; LUCKMANN, T. *A construção social da realidade*. Petrópolis: Vozes, 1985.

BRASIL. Lei n. 8.069, de 13 de julho de 1990. *Diário Oficial da União*, Brasília, DF, 16 jul. 1990. Disponível em: <http://www.planalto.gov.br/ccivil_03/Leis/L8069.htm>. Acesso em: 24 jul. 2008a.

BRASIL. Ministério da Educação. *Qualidade do ensino médio*: desafio do PDE. Disponível em: <http://portal.mec.gov.br/index.php?option=com_content&task=view&interna=1&id=9068>. Acesso em: 25 jul. 2008b.

BRITZMAN, D. P. Sexualidade e cidadania democrática. In: SILVA, L. H. (Org.). *A escola cidadã no contexto da globalização*. Petrópolis: Vozes, 1998. p. 154-171.

BURKE, P. *Cultura popular na idade moderna*. São Paulo: Companhia das Letras, 1989.

BUTLER, J. Corpos que pesam: sobre os limites discursivos do "sexo". In: LOURO, G. (Org.). *O corpo educado*: pedagogias da sexualidade. Belo Horizonte: Autêntica, 1999. p. 151-172.

BUTTIGIEG, J. A. Educação e hegemonia. In: COUTINHO, C. N.; TEIXEIRA, A. de P. (Org.). *Ler Gramsci, entender a realidade*. Rio de Janeiro: Civilização Brasileira, 2003.

CERTEAU, M. de. *A invenção do cotidiano*: artes de fazer. Petrópolis: Vozes, 1994.

CERTEAU, M. de; DOMINIQUE, J. A beleza do morto: o conceito de cultura popular. In: REVEL, J. (Org.). *A invenção da sociedade*. Lisboa: Difel, 1989.

CONNELL, R. Políticas da masculinidade. *Educação e Realidade*, Porto Alegre, 20 (2), p. 185-206, jul./dez. 1995.

COSTA, J. F. A construção cultural da diferença dos sexos. *Sexualidade, gênero e sociedade*, Rio de Janeiro, n. 3, jun. 1995.

FERNANDES, A. M. O paradigma clássico *versus* o surgimento de um novo paradigma da ciência e da tecnologia e suas relações com o homem, a natureza, a história e a cultura. *Cadernos de Sociologia*: publicação da Universidade Federal do Rio Grande do Sul, Porto Alegre, v. 4, p. 51-56, 1993.

FONSECA, C. Antropologia e cidadania em múltiplos planos. *Humanas*, Porto Alegre, v. 26/27, p. 17-46, 2006. Disponível em: <http://www.ufrgs.br/ppgas/nucleos/naci/Documentos/humanas_fonseca.pdf>. Acesso em: 24 jul. 2008.

_____. *Caminhos da adoção*. São Paulo: Cortez, 1995.

FONSECA, C. Dando voz ao método: a pesquisa entre os subproletários no Brasil e na França. In: TEIXEIRA, S.; ORO, A. P. (Org.). *Brasil e França*: ensaios de antropologia social. Porto Alegre: Ed. da UFRGS, 1992.

_____. Família, fofoca e honra: etnografia de relações de gênero e violência em grupos populares. Porto Alegre: Ed. da UFRGS, 2000.

_____. Mãe é uma só? Reflexões em torno de alguns casos brasileiros. *Psicologia USP*, São Paulo, v. 13, n. 2, p. 49-68, 2002.

_____. Quando cada caso não é um caso: pesquisa etnográfica e educação. *Revista Brasileira de Educação*, São Paulo, n. 10, jan./abr. 1999. Disponível em: <http://www.anped.org.br/rbe/rbedigital/RBDE10/RBDE10_06_CLAUDIA_FONSECA.pdf>. Acesso em: 25 jul. 2008.

FONSECA, C.; BRITES, J. *Etnografias da participação*. Santa Cruz do Sul: Edunisc, 2006.

FONSECA, C.; CARDARELLO, A. Os direitos dos mais e menos humanos. *Horizontes Antropológicos*: publicação do Programa de Pós-Graduação em Antropologia Social da UFRGS, Porto Alegre, v. 10, p. 83-121, 1999.

FOUCAULT, M. *A arqueologia do saber*. Rio de Janeiro: Forense Universitária, 1995.

_____. *A ordem do discurso*. São Paulo: Loyola, 1996.

_____. *História da sexualidade 1*: a vontade de saber. 11. ed. Rio de Janeiro: Graal, 1988a.

_____. *Microfísica do poder*. Rio de Janeiro: Graal, 1988b.

_____. *Vigiar e punir*: história da violência nas prisões. Petrópolis: Vozes, 1989.

FRAGA, A. B. *Do corpo que se distingue*: a constituição do bom-moço e da boa-moça nas práticas escolares. Dissertação (Mestrado em Educação) – Faculdade de Educação da Universidade Federal do Rio Grande do Sul, Porto Alegre, 1998.

FREIRE, P. *Educação e mudança*. Rio de Janeiro: Paz e Terra, 2007.

_____. *Pedagogia da autonomia*: saberes necessários à prática educativa. São Paulo: Paz e Terra, 1996.

_____. *Pedagogia do oprimido*. 8 ed. Rio de Janeiro: Paz e Terra, 1980.

GALLO, S. *Deleuze e a educação*. Belo Horizonte: Autêntica, 2003.

GEERTZ, C. *A interpretação das culturas*. Rio de Janeiro: Guanabara, 1989.

GENTILI, P. (Org.). *Pedagogia da exclusão*: crítica ao neoliberalismo em educação. Petrópolis: Vozes, 1995.

GOMES, C. A. *A educação em perspectiva sociológica*. São Paulo: EPU, 1989.

GOMES, N. L. Trajetórias escolares, corpo negro e cabelo crespo: reprodução de estereótipos ou ressignificação cultural?

Revista Brasileira de Educação, São Paulo, n. 21, p. 40-51, 2002.

GOMES, N. L. Cultura negra e educação. Revista Brasileira de Educação, São Paulo, n. 23, p. 75-85, maio/ago. 2003.

GRACIANI, M. S. Pedagogia social de rua. São Paulo: Cortez, 1999.

GRIGNON, C.; PASSERON, J. C. Dominocentrismo e dominomorfismo. In: _____. Lo culto y lo popular: miserabilismo y populismo en sociologia y literatura. Madrid: Las Ediciones de La Piqueta, 1992. p. 139-184.

GROSSI, M. Identidade de gênero e sexualidade. Antropologia em primeira mão: publicação do Programa de Antropologia Social da UFSC, Florianópolis, n. 24, 1998.

GROSSI, M.; HEILBORN, M. L.; RIAL, C. Entrevista com Joan Wallach Scott. Revista Estudos Feministas: publicação do Instituto de Filosofia e Ciências Sociais da UFRJ, Rio de Janeiro, v. 6, n. 1, p. 114-124, 1998.

GUSMÃO, N. M. Os desafios da diversidade na escola. In: _____. (Org.). Diversidade, cultura e educação: olhares cruzados. São Paulo: Biruta, 2003. p. 83-105.

HALL, S. A identidade cultural na pós-modernidade. Rio de Janeiro: DP&A, 1997a.

_____. Representation: Cultural Representation and Signifying Practices. London: Sage Publications, 1997b.

HANAN, J. A percepção social da Aids: raízes do preconceito e da discriminação. Rio de Janeiro: Revinter, 1994.

HARDT, M. A sociedade mundial de controle. In: ALLIEZ, E. (Org.). Gilles Deleuze: uma vida filosófica. São Paulo: Editora 34, 2000.

HERZOG, C. Cada jovem acha que ele, em especial, não vai pegar Aids. Nova Escola, São Paulo, v. 8, n. 68, p. 20-23, ago. 1993.

KOWARICK, L. Escritos urbanos. São Paulo: Editora 34, 2000.

KUPER, A. Admirável mundo novo. In: _____. Cultura: a visão dos antropólogos. Bauru: Edusc, 2002a. p. 259-286.

_____. Cultura, diferença e identidade. In: _____. Cultura: a visão dos antropólogos. Bauru: Edusc, 2002b. p. 287-312.

LANA, Z. de B. A orientação educacional e o atendimento a adolescentes quanto aos vícios dos tóxicos e o perigo da Aids. Revista Pedagógica, Belo Horizonte, v. 6, n. 92, 1988.

LAPLANTINE, F. Aprender antropologia. São Paulo: Brasiliense, 1987.

LAURETIS, T. de. A tecnologia do gênero. In: HOLLANDA, H. (Org.). Tendências e impasses: o feminismo como crítica da modernidade. Rio de Janeiro: Rocco, 1994.

LAVINSKY, L. (Org.). Saúde: informações básicas. Porto Alegre: Ed. da UFRGS, 1990.

LOURO, G. L. Currículo, gênero e sexualidade. Porto (Portugal): Porto Editora, 2000.

LOURO, G. L. Currículo, gênero e sexualidade. O "normal", o "diferente" e o "excêntrico". In: LOURO, G. L.; NECKEL, J.; GOELLNER, S. (Org.). Corpo, gênero e sexualidade: um debate contemporâneo na educação. Petrópolis: Vozes, 2003. p. 41-52.

LOURO, G. L. Educação e gênero: a escola e a produção do feminino e do masculino. In: SILVA, T. T. da (Org.). Reestruturação curricular: teoria e prática no cotidiano da escola. Petrópolis: Vozes, 1995.

_____. Gênero, sexualidade e educação: uma perspectiva pós-estruturalista. Petrópolis: Vozes, 1997.

_____. (Org.). Memórias do "Julinho": Colégio Estadual Júlio de Castilhos, 1900-1990. Porto Alegre: Sagra, 1990.

_____. (Org.). O corpo educado: pedagogias da sexualidade. Belo Horizonte: Autêntica, 1999.

LOURO, G. L. O currículo e as diferenças sexuais e de gênero. In: COSTA, M. V. (Org.). O currículo nos limiares do contemporâneo. Rio de Janeiro: DP&A, 1998.

_____. Uma leitura da história da educação sob a perspectiva do gênero. Teoria e Educação, Porto Alegre, v. 6, p. 53-67, 1992.

_____. Um corpo estranho: ensaios sobre sexualidade e teoria "queer". Belo Horizonte: Autêntica, 2004.

LYOTARD, J. F. O pós-moderno. 2. ed. Rio de Janeiro: J. Olympio, 1986.

MACHADO, E. M. Pedagogia e a pedagogia social: educação não formal. Disponível em: <http://www.boaaula.com.br/iolanda/producao/me/pubonline/evelcy17art.html>. Acesso em: 25 jul. 2008.

MACHADO, P. S. Muitos pesos e muitas medidas: um estudo antropológico sobre as representações masculinas na esfera das decisões sexuais e reprodutivas. Dissertação (Mestrado em Antropologia Social) – Universidade Federal do Rio Grande do Sul, Porto Alegre, 2003.

MACHADO, R. Ciência e saber: a trajetória da arqueologia de Foucault. Rio de Janeiro: Graal, 1982.

MARX, K.; ENGELS, F. A ideologia alemã: Feuerbach. São Paulo: Hucitec, 1986.

MEYER, D. Identidades traduzidas: cultura e docência teuto-brasileira-evangélica no Rio Grande do Sul. Tese (Doutorado em Educação) – Programa de Pós-Graduação em Educação da Faculdade de Educação da Universidade Federal do Rio Grande do Sul, Porto Alegre, 1999.

MINAYO, M. C. de S. Pesquisa social: teoria, método e criatividade. Petrópolis: Vozes, 2002.

MONTEIRO, C. Porto Alegre: urbanização e modernidade – a construção social do espaço urbano. Porto Alegre: EDIPUCRS, 1995.

MORAIS, F. *Arte é o que eu e você chamamos arte*: 801 definições sobre arte e o sistema da arte. Rio de Janeiro: Record, 1998.

MORIN, E. *Ciclo de debates sobre pós-modernidade*. Porto Alegre: Usina do Gasômetro, 1993.

MOTTA, M. B. da (Org.). *Ética, sexualidade, política*. Rio de Janeiro: Forense Universitária, 2004.

NICHOLSON, L. Interpretando o gênero. *Revista Estudos Feministas*: publicação do Centro de Filosofia e Ciências Humanas e do Centro de Comunicação e Expressão da UFSC, Florianópolis, v. 8, n. 2, p. 9-41, 2000.

NIDELCOFF, M. T. *Escola e compreensão da realidade*. São Paulo: Brasiliense, 1996.

ORTNER, S. Theory in antropology since the sixties. In: DIRKS, N.; ELEY, G.; ORTNER, S. (Org.). *Culture, Power, History*: a Reader in Contemporary Social Theory. Princeton: Princeton University Press, 1994.

PAIM, H. H. S. *Primeira gravidez*: rito de passagem das mulheres de grupos populares. Monografia (Pós-graduação em Antropologia Social) – Universidade Federal do Rio Grande do Sul, Porto Alegre, 1994.

PAIVA, V. Sexualidade e gênero num trabalho com adolescentes para prevenção do HIV/Aids. In: PARKER, R. (Org.). *A Aids no Brasil*: história social da Aids. Rio de Janeiro: Relume-Dumará, 1994. v. 2.

PARKER, R. G. (Org.). *A Aids no Brasil*: história social da Aids. Rio de Janeiro: Relume-Dumará, 1994. v. 2.

_____. A construção social e cultural do risco sexual, ou como fazer pesquisa (em sexualidade) em uma epidemia. *Physis*, Rio de Janeiro, 5(1), p. 85-98, 1995.

PASINI, E. (Org.). *Educando para a diversidade*. Porto Alegre: Nuances, 2007.

PASTERNAK, J. Aids: história pessoal de uma epidemia. *Revista USP*, São Paulo, n. 33, mar./maio 1997. (Dossiê Aids).

PENN, H. Primeira infância: a visão do Banco Mundial. *Cadernos de Pesquisa*, São Paulo, n. 115, p. 7-24, mar. 2002.

PERALVA, A. T.; SPOSITO, M. P. Quando o sociólogo quer saber o que é ser professor. Entrevista com François Dubet. *Revista Brasileira de Educação*, São Paulo, n. 6, p. 222-231, maio/ago., 1997.

POCAHY, F. (Org.). *Rompendo o silêncio*: homofobia e heterossexismo na sociedade contemporânea – políticas, teoria e atuação. Porto Alegre: Nuances, 2007.

POLLAK, M. *Os homossexuais e a Aids*. São Paulo: Estação Liberdade, 1990.

REIS, E. P. Impasses e desafios à teorização na sociologia contemporânea. *Cadernos de Sociologia*: publicação da UFRGS, Porto Alegre, v. 4, p. 11-18, 1993.

RIBEIRO, M. (Org.). *Educação sexual*: novas ideias, novas conquistas. Rio de Janeiro: Rosa dos Tempos, 1993.

RIOS, R. R. O conceito de homofobia na perspectiva dos direitos humanos e no contexto dos estudos sobre preconceito e discriminação. In: POCAHY, F. (Org.). *Rompendo o silêncio*: homofobia e heterossexismo na sociedade contemporânea. Porto Alegre: Nuances, 2007.

RODRIGUES, A. T. *Sociologia da educação*. 5. ed. Rio de Janeiro: DP&A, 2004.

ROSEMBERG, F. Organizações multilaterais, Estado e políticas de educação infantil. *Cadernos de Pesquisa*, São Paulo, n. 115, p. 25-63, mar. 2002.

SAHLINS, M. O "pessimismo sentimental" e a experiência etnográfica: porque a cultura não é um "objeto" em via de extinção (parte I). *Mana*: publicação da UFRJ, Rio de Janeiro, 3(1): p. 41-73, 1997a.

_____. O "pessimismo sentimental" e a experiência etnográfica: porque a cultura não é um "objeto" em via de extinção (parte II). *Mana*: publicação da UFRJ, Rio de Janeiro, 3(2): p. 103-150, 1997b.

SANTOS, B. de S. *Pela mão de Alice*: o social e o político na pós-modernidade. Lisboa: Afrontamento, 1994.

SANTOS, J. V. T. dos. *Novas reflexões sociológicas sobre os processos sociais agrários e a violência*. Porto Alegre: Instituto de Filosofia e Ciências Humanas da UFRGS, 1995. Projeto de Pesquisa.

SARTI, C. A. *A família como espelho*: um estudo sobre a moral dos pobres. Campinas: Autores Associados, 1996.

SAVIANI, D. *Escola e democracia*. São Paulo: Cortez, 1987.

_____. As teorias da educação e o problema da marginalidade. In: _____. *Escola e democracia*. 33. ed. Campinas: Autores Associados, 2000.

SCOTT, J. W. Gênero: uma categoria útil de análise histórica. *Educação & Realidade*, Porto Alegre, 16(2), p. 5-19, jul./dez., 1990.

_____. Gênero: uma categoria útil para análise histórica. *Educação & Realidade*, Porto Alegre, v. 20, n. 2, p. 71-99, jul./dez. 1995.

SILVA, R. A. da. *Sexualidades na escola em tempos de Aids*. Dissertação (Mestrado em Educação) – Universidade Federal do Rio Grande do Sul, Porto Alegre, 1999.

SILVA, T. T. da. Memória, cultura e solidariedade na "melhor cidade do mundo". In: SAENGER, L.; GIL, C. Z. de V. (Org.). *Gentes de Osório*: vivências inspiradoras. Porto Alegre: Pallotti, 2007.

_____. *A poética e a política do currículo como representação*. Porto Alegre: UFRGS/PPGEDU, 1997.

_____. *Documentos de identidade*: uma introdução às teorias do currículo. Belo Horizonte: Autêntica, 2001a.

SILVA, T. T. da. (Org.). *Identidade e diferença*: a perspectiva dos estudos culturais. Petrópolis: Vozes, 2000.

_____. *Identidades terminais*: as transformações na política da pedagogia e na pedagogia da política. Petrópolis: Vozes, 1996.

_____. *O currículo como fetiche*: a poética e a política do texto curricular. Belo Horizonte: Autêntica, 2001b.

SONTAG, S. *A Aids como metáfora*. São Paulo: Companhia das Letras, 1989.

TUCHMAN, B. W. *Um espelho distante*: o terrível século XIV. Rio de Janeiro: J. Olympio, 1989.

TURNER, T. Anthropology and Multiculturalism: What is Anthropology that Multiculturalists should be Mindful of it? In: GOLDBERG, D. T. (Ed.). *Multiculturalism*: a Critical Reader. Cambridge/Oxford: Blackwell, 1994.

VECCHIO, M. C. *Um estudo sobre noções e práticas de proteção à infância entre moradores de uma vila popular de Porto Alegre*. Dissertação (Mestrado em Antropologia Social) – Universidade Federal do Rio Grande do Sul, Porto Alegre, 2007.

VEIGA-NETO, A. J. da. *A ordem das disciplinas*. Tese (Doutorado em Educação) – Programa de Pós-Graduação em Educação da Faculdade de Educação da Universidade Federal do Rio Grande do Sul, Porto Alegre, 1996.

WEEKS, J. *El malestar de la sexualidad*: significados, mitos y sexualidades modernas. Madrid: Ediciones S.L., 1993.

WERNECK, V. R. *A ideologia na educação*: um estudo sobre a interferência da ideologia no processo educativo. Petrópolis: Vozes, 1984.

WIKIPÉDIA. *Etnocentrismo*. Disponível em: <http://pt.wikipedia.org/wiki/Etnocentrismo>. Acesso em: 18 ago. 2008.

WOODWARD, K. Identidade e diferença: uma introdução teórica e conceitual. In: SILVA, T. T. da. *Identidade e diferença*: a perspectiva dos estudos culturais. Petrópolis: Vozes, 2000.

ZALUAR, A. M. Desafios para o ensino básico na visão dos vulneráveis. *Sociologias*, Porto Alegre, v. 1, p. 228-249, 1999.

Gabarito

Capítulo 1

É importante, para a primeira questão, que o(a) aluno(a) perceba que, quando estamos falando em cultura no contexto escolar, não estamos falando no sentido de erudição e que, acima de tudo, com a valorização da cultura de cada aluno podemos, por exemplo, evitar preconceitos. Para a segunda questão, é necessário que o(a) aluno(a) reflita sobre a dialética escola-sociedade. Na terceira questão, o(a) aluno(a) deverá explicar as razões que justificam o fato de a escola estar inserida na sociedade.

Capítulo 2

Para as três questões deste capítulo, o(a) aluno(a) deverá se posicionar, ou seja, emitir as suas opiniões sobre as situações de conflito presentes na escola.

Capítulo 3

Para a primeira questão, o(a) aluno(a), encontrará a resposta diretamente no texto, porém é necessário que ele demonstre que entendeu, ao menos em linhas gerais, a influência do positivismo. Nas outras duas questões ele(a) deverá opinar sobre o tema trabalhado no capítulo.

Capítulo 4

Nas duas primeiras questões o(a) aluno(a) deverá emitir suas opiniões. Para a terceira ele(a) encontra a resposta diretamente no texto, mas deve demonstrar que compreendeu o tema e não simplesmente reproduzir o texto.

Capítulo 5

As duas primeiras questões se complementam; as respostas encontram-se no texto e, mais uma vez, é necessária a demonstração da compreensão do tema trabalhado no texto. A terceira questão é pessoal, embora a justificativa necessite de uma fundamentação, ao menos evidenciada em sala de aula.

Capítulo 6

Para as duas questões deste capítulo, o(a) aluno(a) deverá evidenciar possíveis situações que acontecem no interior das escolas de sua região e que tratam do tema discutido no capítulo.

Capítulo 7

A resposta da primeira questão é pessoal; para a segunda o(a) aluno(a) deverá fazer relações entre o texto apresentado e a realidade de sua região.

Capítulo 8

Para a primeira pergunta da questão, o(a) aluno(a) pode encontrar a resposta diretamente no texto; para a segunda pergunta a resposta é pessoal, porém deve apresentar argumentos condizentes com a realidade brasileira.

Capítulo 9

As duas questões exigem respostas pessoais, porém elas devem refletir o que foi discutido no capítulo.

Capítulo 10

As duas questões exigem respostas pessoais, porém elas devem refletir o que foi discutido no capítulo.

Os papéis utilizados neste livro, certificados por instituições ambientais competentes, são recicláveis, provenientes de fontes renováveis e, portanto, um meio responsável e natural de informação e conhecimento.

Impressão: Reproset
Abril/2021